人生を好転させる!

才能活用ビジネスモデルの教科書

士業・起業家のための
実践ウェルスダイナミクス活用術

近藤 学 著
一般社団法人 日本適性力学協会 監修

セルバ出版

はじめに

30年間の税理士活動で貯蓄どころか数千万円の負債

私は32歳で税理士事務所を独立開業しました。それ以来、様々なセミナーや教材に数百万円を投資して勉強し、6冊の本を書き、土日の休みもほとんどなく、始発電車に乗り最終電車の時間まで働く生活を50歳過ぎまで続けました。

その結果残ったのは、貯蓄どころか数千万円の負債でした。儲かるはずの税理士業でなぜそんなに借金が増えたのかと、今でも話した人に不思議がられます。投資に失敗したわけでもギャンブルでお金を溶かしたわけでもありません。純粋にビジネスでできた負債です。この多額の債務を負った経緯については、第6章で詳しく説明しています。

ウェルスダイナミクスとの出会いで危機から脱出

転機は、本書でご紹介するウェルスダイナミクスとの出会いでした。ウェルスダイナミクスを日本語にすると富の力学です。富を「すべてのお金を失ったとしても残るもの」と定義し、「富＝価値×レバレッジ（てこの原理）」という方程式で表します。

私は、32歳からの20年間、自分の持つ価値に強力なマイナスのレバレッジをかけ続けた結果、マイナスの富である負債を抱えてしまっていたことに気づきました。つまり頑張れば頑張るほど悪い方向に行く沼にはまっていたのです。

そして、ウェルスダイナミクスに出会って、自分の持つ才能に従った流れに乗り、自分の価値にプラスのレバレッジをかけられるように変わってから、ビジネスが好転し始め、仕事を楽しみながら、経済的ゆとりと時間的自由を得られるようになりました。売上1億円も視野に入るようになり、また負債を返済する目処も立ちました。

たった2000円の投資で人生が開けた

このようにあまりにも上手くいった成功体験を書くと、まるで怪しい宗教かスピリチュアル系のお話かと勘違いされそうですが、極めて合理的かつシンプルな考え方です。冒頭で、かつてセミナーに数百万円使ったと書きましたが、実はその中にウェルスダイナミクスのセミナー代金は含まれておりません。

ウェルスダイナミクスの創始者であるロジャー・J・ハミルトン氏の著書『億万長者 富の法則』(中経出版刊)を読んだだけで、ビジネスの方向転換に成功したのです。

このことからも如何にシンプルかつ効果的な考え方かがわかっていただけると思います。たった2000円の投資で人生が好転したのです。

人一倍頑張っているはずなのに成果が出ない人も、私と同じように、自分の才能に従った流れに乗りレバレッジをかける方向を変えることで人生が好転するのではないかと思いました。その思いを伝えようとウェルスダイナミクスコンサルタントの資格を取得し本書を上梓することにしました。

ビジネスモデル・ビジネススタイルについての悩みも解決

また、ビジネスモデルやビジネスのスタイルについての問題や悩みも多いと思います。

特に、「いつまでも現場で働きたい」VS「仕組みをつくり現場から離れ経営者になる」や、「ひとりのまま」VS「組織をつくる」という葛藤は深刻な問題です。

そのハードルを越えるか越えないかでビジネスの成長速度や個人としての人生のあり方が大きく変わってきます。

この問題については、私が、その著書を翻訳したこともある、起業家の神様と呼ばれるマイケル・E・ガーバー氏の知見も援用しながら深く考察しています。

組織の課題にも活用　離職者がゼロに

組織を構築すると、スタッフの適切な配置、評価方法、採用戦略など、組織運営の課題に直面します。私自身も、正社員を雇用していた時期がありましたが、人事に関する問題で多くの困難に直面しました。当時、ウェルスダイナミクスについては知っていましたが、単なるタイプ診断に過ぎないと認識するのみで、組織戦略への応用は考えていませんでした。

この手法を本格的に学び始め、組織運営に上手く取り入れている経営者たちから話を聞く機会が増えたことで、見方が変わりました。

ウェルスダイナミクスを組織に導入し、幹部社員がこれを理解し実践し始めると、離職率がゼロになったという事例をよく耳にします。事例のことが全く不思議なことではないと感じるようになりました。もし、もっと早くこの知識を得て活用していれば、従業員もより幸せだったでしょうし、私もあんなに苦労することはなかったのにと後悔しています。

ウェルスダイナミクスは元々、起業家向けに考案されたものですが、法人の従業員向けに応用した「タレントダイナミクス」という法人研修メソッドもあります。本書では、この点についても詳しく解説します。

彼を知り己を知れば百戦あやうからず

本書ではまず、人々を4つのタイプに分類します。これにより、自分と他人の得意分野と不得意分野を理解することができます。その後、さらに詳細な8つの才能別の強みと弱み、およびビジネスへの才能の活かし方について説明します。

まずは自分自身のタイプに関する部分を読んでみてください。次に、自分以外のタイプについて読むと、自分との違いに驚くことでしょう。

「彼を知り己を知れば百戦あやうからず」という孫子の有名な言葉があります。世の中には様々なタイプ分け診断の方法がありますが、ウェルスダイナミクスが持つ特長は、自分と他者の才能や強み、弱みを相対的に知ることができる点にあります。

自分にはないものを持つ人は誰か、また逆に自分が持っているものを必要としている人は誰かを一目で理解することができます。ビジネスを1人で行うことはできません。必ず誰かの支援が必要です。自分が何に集中し、誰の力を借りれば成功するかを容易に知ることができます。

なぜ、成功者の話を聞いても成功できないのか?

様々な成功者のセミナーがあります。それを聞いて実践して成功する人は100人に1人ぐらいだという話を聞いたことがあります。なぜでしょうか?

成功している人は、自分の成功体験に基づいた実践の方法を受講者に当てはめようとするのが普通です。しかし、受講生が行きたい方向や持つ才能は、それぞれで異なります。一般論としてサッカーの技術を上達したい人は、イチローさんに教えてもらうよりも、本田圭佑さんに習うほうが近道です。

ウェルスダイナミクスを学んでいくと、そのようなミスマッチがなくなり、自分が話を聞くべき人や、自分に合ったメンターも見つけやすくなります。

本書で扱う事例は私が一番よく知っている税理士に関するものが多いのですが、特に第4章までと第7章以降は、他の士業やコンサルタント、広く起業家の方々にも参考になるところが多いと考えています。
私と同じように1冊の本への投資で読者の皆様の人生が変わることを期待しています。

2024年5月

近藤　学

人生を好転させる！　才能活用ビジネスモデルの教科書　士業・起業家のための実践ウェルスダイナミクス活用術　目次

はじめに

第1章　みんな違ってみんないい　あの人の成功法則は私の失敗法則
あなたが誰かを羨むとき、誰かはあなたを羨んでいる　16
人間には大きく4つのタイプがある（4つの周波数）　17
周波数の違いで、思考も行動も異なる！　23
各周波数の持つ行動特性と思考特性　25
自分と異なる周波数の人との付き合い方　27
周波数別の経営者タイプ　29
コラム／PDCAサイクルが苦手な周波数　35

第2章　あなたの才能タイプを知る
自分の才能を知るための8つのプロファイル　38
4つの周波数と8つのプロファイルの関係　41

楽に生き、辛いことを手放すことはわがままではない　43
フローに乗る、正しい選択と正しい努力　46
才能タイプを知るためのプロファイルテスト　49
各プロファイルの概要と強み・弱み　55
周波数からプロファイルを理解する方法　63
プロファイルの取り扱いに注意　65
プロファイルは遺伝か？　後天的なものか？　67
コラム／「これぞクリエイター」映画のキャラクターでプロファイルを理解する　74

第3章　プロファイルごとの才能を活かした経営スタイル

税理士に多いプロファイルは　78
クリエイター：新しいビジネスの創造に集中する　81
スター：自分の存在価値を経営に活用する　83
サポーター：クライアントを熱くサポートする　86
ディールメーカー：「人たらし」で、人間関係を構築　88
トレーダー：堅実にいい組織をつくる　法令遵守　90
アキュムレーター：長期的視野と継続力　92

ロード：事業や資産の中にキャッシュフローを見つけ出す　94
メカニック：設計図が頭に浮かぶ　97
コラム／補助金で革新的な新規事業は生まれない？　98

第4章　士業のビジネスモデル戦略

起業のスタートは同じなのに結果に差が出るのは　102
6つのビジネスモデル　104
3階層の事業体　「プラクティス」の数が売上を決める　105
①フリーランス型モデル：自由人　107
②ひとり社長型モデル：ひとりで年商1億円　109
③バランス型モデル：小成功者　111
④専門特化型モデル：ブルーオーシャン　118
⑤工場型モデル：仕組み化による再現性　120
⑥エンタープライズ型モデル：加速的に成長　123

第5章　士業が、真の「起業家」となるために

同じプロファイルでも事業レベルに差がつく理由　128

自分がどこにいるのかを知るウェルススペクトル　128
同じプロファイルでも見える世界が違う　130
9つのレベルと3つのプリズム　132
得られる特典と支払う代償　133
目指すスペクトルは自分で決められる　134
黄色レベル（プレイヤー）から緑レベル（パフォーマー）へ　135
マイケル・E・ガーバー氏の言う「起業家の神話」とは　136
スモールビジネスの創業者は、三重人格者　137
実話①／起業熱に浮かされた「職人」が辿った道　138
自分がいなくてもうまくいく仕組みづくり　141

第6章　税理士事務所売上1億円突破

規模的拡大を志向する人としない人　144
売上1億円突破を阻む第一の壁・お金の問題　145
実話②／金融機関の借入で苦難を味わう　147
売上1億円突破を阻む第二の壁・幸せな小金持ち　150
売上1億円突破を阻む第三の壁・上を目指す理由　151

実話③／あるIT起業家との出会いで視座の違いにとまどう　152
インパーソナルな夢はシャンパンタワーをイメージする　154

第7章　才能経営®による組織戦略

社員向けに最適化されたタレントダイナミクス　158
プロファイル別の社員像　159
お互いのプロファイルを共有し理解する　166
同じプロファイルと対極のプロファイルの組み合わせの功罪　168
離職率がゼロになる　170
組織内で、バランスよくプロファイルを配置する　172
タレントダイナミクスを採用に活かす　173
タレントスペクトルでスタッフの視座の現在地を知る　179

第8章　自分と相手の才能を活用した営業戦略

タレントダイナミクスは営業や採用にも効果を発揮　190
まず自分の周波数の営業スタイルを知る　191
相手の周波数に応じた営業アプローチ方法　194

ダイナモの人に営業する場合 195
ブレイズの人に営業する場合 196
テンポの人に営業する場合 198
スチールの人に営業する場合 199
相手の周波数を予測する方法 202
どのタイプにも効果的な営業資料を準備する方法 205
才能営業はチーム戦 206

第9章 どうやって事業の幕を引くか

4つの幕の引き方 210
M&A　譲渡する側の実体験 211
M&Aのメリットとデメリット 211
自分で引き継ぎ先を見つけるメリットとデメリット 212
事業は売るためにつくられる 213

第10章 自分のための経営計画

他人には見せない経営計画 218

第1章

みんな違ってみんないい
あの人の成功法則は私の失敗法則

あなたが誰かを羨むとき、誰かはあなたを羨んでいる

誰もが持つ、他人と比べたときのマイナスの感情

読者の皆さんは、他の人と自分を比較して次のようにマイナスの感情を持たれているかもしれません。

①「私は、あの人のように、他人に優しくできない。自分は冷たいのではないか？」
②「私は、あの人のように、次々とアイデアを思いつくことができない」
③「私は、あの人のように、コツコツと仕事を続けることができない」
④「私は、あの人のように、人前で堂々と話すことができない」
⑤「私は、あの人のように、冷静に分析することができない」
⑥「私は、あの人のように、簡単に友達をつくることができない」
⑦「私は、あの人のように、うまく営業することができない」
⑧「私は、あの人のように、事業の仕組みをつくることができない」

私の場合、②以外のすべてに当てはまります。逆に②の悩みを持つ人は私のことを羨んでいる可能性があります。

つまり、あなたが自分のマイナス部分に悩むと同時に、あなたは誰かに羨ましがられているかも

しれません。あなたの得意は誰かの不得意、あなたの不得意は、誰かの得意なのです。

人間には大きく４つのタイプがある（４つの周波数）

波長が合う人と合わない人

ウェルスダイナミクスでは、それぞれの得意と不得意の部分を４つの周波数という形で整理しています。あの人とは波長が合う、あるいは波長が合わないというふうに、それぞれの人は一定の周波数を持っています。同じ周波数を持つ人のことは理解しやすく話も弾み、異なる周波数を持つ人のことは理解が難しく話が合わないことがあるでしょう。

私も、あなたも、４つのうちのいずれかの周波数を強く持っています。そして、異なる周波数を強く持つ人を見て、羨んだり、自分に欠けている部分を見つけて悩んだりしてしまうのです。

この４つの周波数がわかると、他人を羨ましがる代わりに協力を求め、自分の強みを活かし、また自分ができないことを得意な人に任せることができます。これはビジネスのパートナーづくりや、会社の組織づくりに大いに役立ちます。

４つの周波数とは

４つの周波数は、その特徴からダイナモ（発電機）、ブレイズ（炎）、テンポ（リズム・調子）、スチール（鋼）という名称を持っています。少し馴染みがない言葉もありますが、ウェルスダイナミクスではこれらが共通言語となっていますので、覚えておくと便利です。

それぞれの周波数の特徴を見ていきます。

・ダイナモ（発電機）／創造と革新のエネルギー

「ダイナモ」タイプは発電機の名のとおり、エネルギッシュでダイナミックなエネルギーを持った人です。物事を始める能力に優れていますが、一方でやり遂げるのが苦手なことがあります。未来に起こり得るビジョンを描き、語るのが得意です。

ピンチが訪れたときには「ＷＨＡＴの質問＝何をすればいい、何をつくればいい？」で切り抜けます。このタイプにとって重要なものは「自己重要感（自分が重要な存在であると感じる心）」です。

・ブレイズ（炎）／情熱と社交性のエネルギー

「ブレイズ」タイプは炎が象徴するように、情熱的なエネルギーを持っています。社交性に富み、いろいろな人とつき合うことを得意とすると同時に、周囲の人たちから影響を受けやすいので、方向性がコロコロ変わってしまうことがあります。もちろん人に影響を与えるのも得意です。

ピンチが訪れたときには「ＷＨＯの質問＝誰に聞けばいい、誰を連れてくればいい？」で切り抜けます。このタイプにとって重要なものは「多様性」です。

・テンポ（リズム・調子）／調和と献身のエネルギー

「テンポ」タイプはリズムや調子（拍子）を相手に合わせて、思いやりのエネルギーを持ち、繋がりを大事にします。もちろんチームプレーも得意です。集団内における自分の役割を、責任を持って果たしますが、一方で他人の指示を求める傾向があります。

ピンチが訪れたときには「ＷＨＥＮの質問＝いつやるべきか（今やるべきか、待つべきか）？」「ＷＨＥＲＥの質問＝どこでやると効果的か？」で切り抜けます。このタイプにとって重要なものは「繋がり・絆・調和」です。

・スチール（鋼）／効率と論理性のエネルギー

「スチール」タイプは鋼の文字からもわかるように、論理的でクールなエネルギーの持ち主です。整然として体系立っていて、細部に目がいきます。テンポとともに日本人に多いタイプです。

何かをやり遂げることが得意ですが、新しいことを始めるのは苦手だったりします。つきあう人を慎重に選び、「この人」と思った人にはとても誠実です。熱い気持ちはあるのですが、周囲に伝わりにくく、冷めていると思われがちです。

ピンチが訪れたときには「ＨＯＷの質問＝どうやって解決すればいい、よいやり方は？」で切り抜けます。このタイプにとって重要なものは「確実性・効率」です。

各周波数の説明は、『ウェルスダイナミクス　一生お金に困らない時間と才能の使い方』（宇敷珠

美著　扶桑社刊）から引用しています。

〔図表１　４つの周波数〕

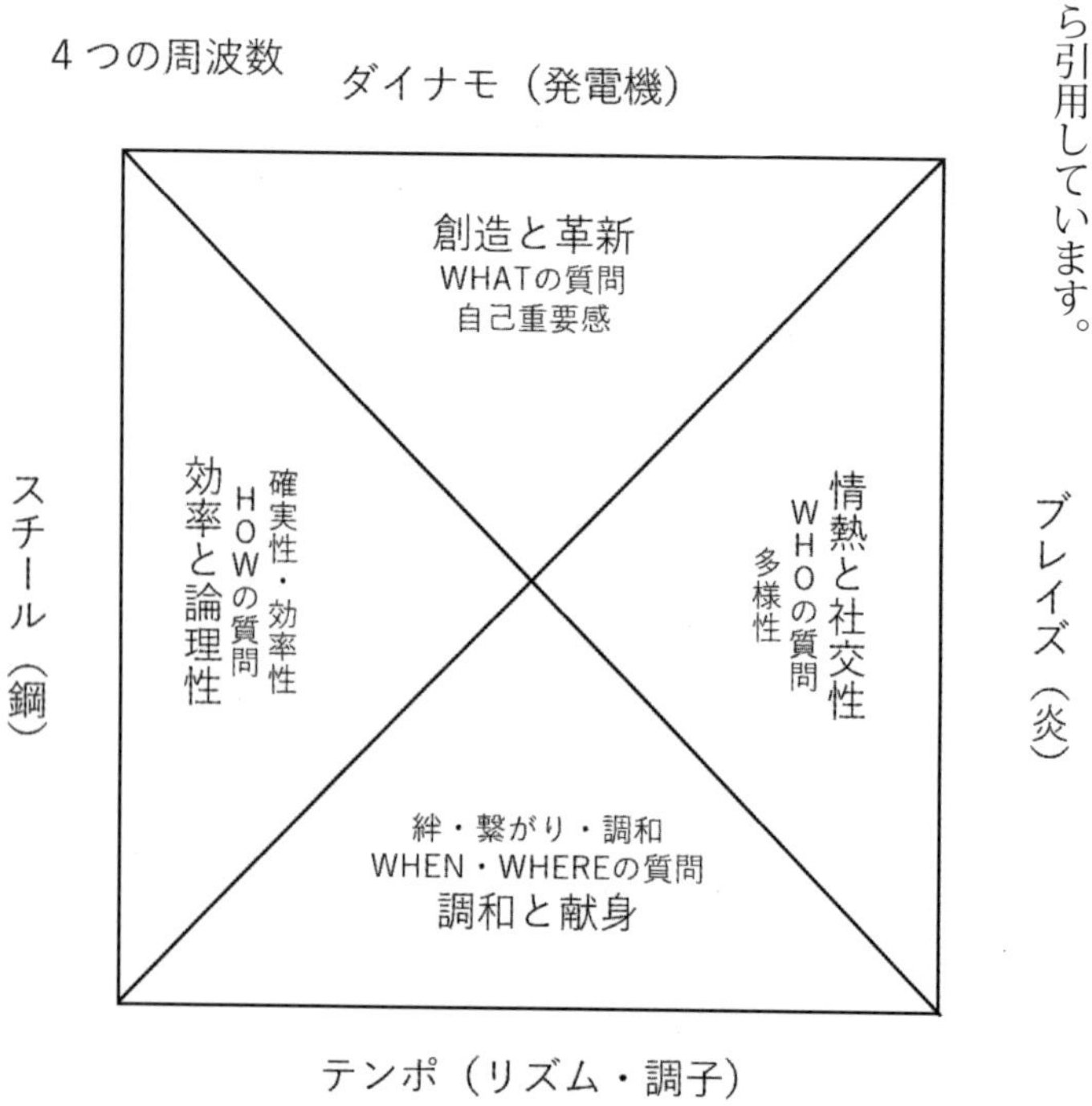

テストであなたのタイプを知ろう

これまでの説明で自分の周波数に興味を持たれたのではないかと思います。次の質問にＹＥＳ／ＮＯで答えると自分の周波数のタイプがわかります。設問には直感で答えてください。

（ダイナモ）

- 未来をデザインしているときに、充足感を感じる　ＹＥＳ／ＮＯ
- 同じことを根気よく繰り返し説明するのは苦手だ　ＹＥＳ／ＮＯ
- 人と違うことをやるのが好きだし、楽にできる　ＹＥＳ／ＮＯ
- 辛抱強く答えを待つことは苦手だ　ＹＥＳ／ＮＯ
- 自分を表現するのにもっともふさわしい言葉は「創造的」である　ＹＥＳ／ＮＯ

（ブレイズ）

- 新しい友人をつくるときに、充足感を感じる　ＹＥＳ／ＮＯ
- データを計測、分析し、最適化することは苦手だ　ＹＥＳ／ＮＯ
- 人と親しくうまく付き合うことは、好きだし楽にできる　ＹＥＳ／ＮＯ
- 物事を順序立てて体系的に組み立てていくことは苦手だ　ＹＥＳ／ＮＯ
- 自分を表現するのにもっともふさわしい言葉は「社交的」である　ＹＥＳ／ＮＯ

（テンポ）

- 仲間との信頼関係をより深めるときに、充足感を感じる　ＹＥＳ／ＮＯ

・創造的なアイデアを次々と生み出すことは苦手だ　YES／NO
・お買い得品を見つけることは、好きだし楽にできる　YES／NO
・素早く新しいアイデアを考え出すことは苦手だ　YES／NO
・自分を表現するのにもっともふさわしい言葉は「協調的」である　YES／NO

（スチール）

・一人きりの静かな時間を持つときに、充足感を感じる　YES／NO
・仲間のモチベーションを高めることを考えたりするのは苦手だ　YES／NO
・整理してまとめ、より効率的にすることは、好きだし楽にできる　YES／NO
・初対面の相手に率先して働きかけ、楽しませることは苦手だ　YES／NO
・自分を表現するのに最もふさわしい言葉は「分析的」である　YES／NO

一番YESが多いところが、あなたの周波数を表しています。

いかがでしたでしょうか？　あなたの周波数に納得できましたか？

全部の質問に対して「YES」と答える人、またはすべての質問に対して「NO」と答える人はほぼいません。一般的には、どのカテゴリーの要素も持ち合わせていますが、特定のカテゴリーの要素が特に強い傾向にあります。

2つ以上のカテゴリーに当てはまる人もいるでしょう。そういった方々にも納得していただけるように、次の章では８つのタイプに細分化して説明します。しかしまず、基本となる４つの周波数について理解しましょう。

周波数の違いで、思考も行動も異なる！

周波数による行動特性と思考特性

先ほどの周波数テストで自分の周波数タイプがわかりました。次に、特性という切り口でもう少し深く周波数について見ていきます。

特性とは

特性とは、その人の行動を生み出す元となる独自の能力を意味します。人とうまく会話をするという行動は、外向的という特性に基づき、また、新しいアイデアを生み出す行動は、直感的という特性に基づくと考えることができます。

また、ここでいう特性は、外向的か内向的か、直感的か体感的かのどちらかに分類するための明確な境界線があるものではありません。外向的から内向的、直感的か体感的かの度合いやレベルが人によって異なります。身長や体重のように高い人がいれば低い人もいるし、重い人がいれば、軽い人もいます。人は、必ずこれらの尺度のどこかに位置するものとします。

〔図表 2　行動特性と思考特性〕

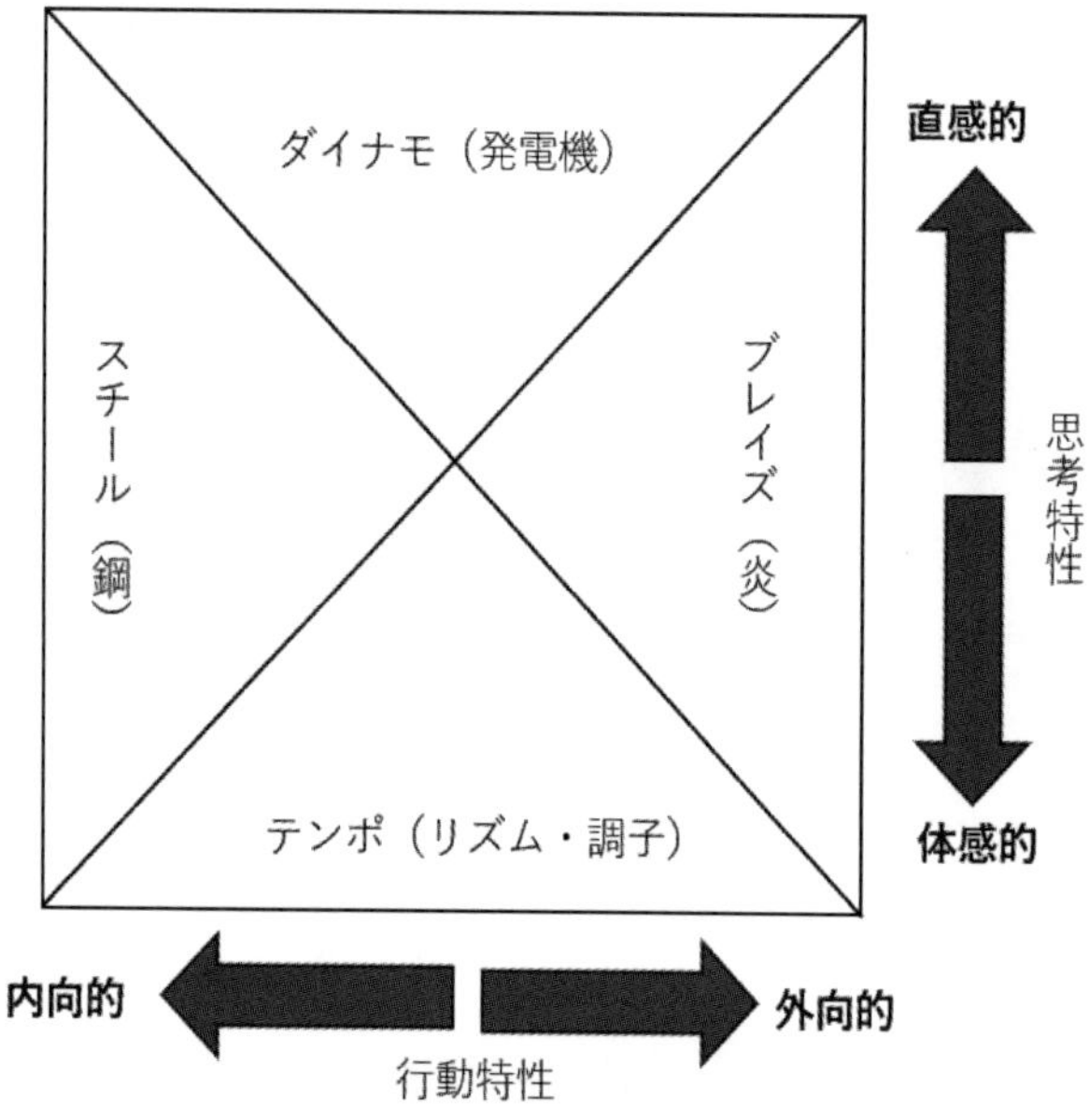

各周波数の持つ行動特性と思考特性

図表２のように、各周波数は、それぞれ独自の行動特性と思考特性を持っています。

ダイナモ周波数　思考特性「直感的」

急に思いついた閃きを重視する。

「直感的」とは、革新性が高く、空想を好み、インスピレーションを重視する思考を意味します。創造力が豊かですが、他人の意見に合わせることや、その場の空気を読むことが苦手です。何かを発想する際には、独自のひらめき（しばしば「天からのインスピレーション」と表現される）を起点にした思考プロセスを経ます。

テンポ周波数　思考特性「体感的」

信頼できる情報や実体験を重視する。

「体感的」な人は、空想より現実を重視し、インスピレーションよりも自身の実体験を大切にします。創造力で競うよりは、現実を把握し、周囲の人と調和し、意見を調整する能力に長けています。協調性が高いとも言えます。

何かを発想する際には、社会での出来事や、自らが置かれた環境、他者の言動を起点にして物事を考えるプロセスを辿ります。

ブレイズ周波数　行動特性「外向的」

他と関わりながら行動する。

外向的な人は、感情表現が豊かで、物事を決める際には、他者と関わったり、メディアの意見を参考にしたり、「他者がどう感じるか」など、自分の外側に軸を設けて決断、行動します。

スチール周波数　行動特性「内向的」

自分で決めて行動する。

内向的な人は、エネルギーが自己の内側に向かいます。深い思索やデータ比較を通じた意思決定に優れています。物事を決める際には、「自分の内側」に問いかけ、他人のアドバイスよりも自己の判断を信じて決断、行動します。

人をプロファイリングする考え方に類型論と特性論があります。このあとに説明する8つのプロファイルは、類型論で人はどこかのプロファイルに分類されると考えます。一方、4つの周波数の考え方は特性論で、尺度として行動特性と思考特性の度合いを測ります。ウェルスダイナミクスは、類型論と特性論の長所をうまくミックスして活かし実用化しています。

自分と異なる周波数の人との付き合い方

自分と反対の周波数は真逆の特性を持っている

ここで明らかになるのは、自分と反対側の周波数、つまりダイナモとテンポ、ブレイズとスチールが、それぞれ真逆の特性を持っているということです。

ダイナモは、インスピレーションから新しいアイデアを次々と生み出せる一方で、集団での活動や地道な作業は苦手です。対照的にテンポは、組織内で堅実に仕事を進めることは得意ですが、新しいアイデアを生み出すことには苦手意識を持ちます。お互いに相手の能力を羨むことがあります。特にテンポの人は、ダイナモのひらめきやスピード感に圧倒されがちです。

また、ブレイズの人は人付き合いが得意で友達も多いですが、細かい事務作業やデータ分析など論理的思考には苦手意識を持ちます。スチールはその真逆で、論理的に物事を考えたり、仕組みを構築することに長けていますが、人からとっつきにくい印象を持たれがちです。

真逆の周波数の人とは話がかみ合わない

自分と真逆の周波数の人とは、話がかみ合わず、関係がギクシャクすることがあります。ダイナモの人は早口で、インスピレーションに従って話を展開するため、話がどんどん広がります。

対照的にテンポの人は、ゆっくりと事実に基づいて話をするため、双方がストレスを感じることがあります。

ブレイズの人は情熱的に思いを語りますが、スチールの人は冷静で、なかなか自分の意見を言わなかったり、これもまた話がかみ合わない原因となります。

苦手なことは得意な人に任せる

自分と相手の周波数を知ることで、自分の得意分野を活かし、苦手なことは得意な人に任せることができます。無理に意地を張る必要もなくなり、相手の発言の背景を理解し、イライラすることも少なくなります。

会議で意見が分かれる原因

会議で意見が分かれる主な原因も、周波数の違いにあることが多いです。ダイナモの人は「ＷＨＡＴ」に焦点を当て、商品やサービスを中心に考えます。ブレイズの人は「ＷＨＯ」を重視し、顧客や従業員のことを最優先に考えます。

テンポの人は「ＷＨＥＮ」・「ＷＨＥＲＥ」に注目し、具体的なタイミングやオペレーションを気にします。スチールの人は「ＨＯＷ」に焦点を当て、システム化の方法や事業をスケールさせることを構想します。

このような違いが、「なぜ、私の話が通じないのか」「なぜ、みんながこの話題に乗ってこないのか」という不満につながり、会議がうまくまとまらない原因となります。

しかし、全員が互いの周波数を理解していれば、なぜある人が特定の発言をするのかが理解でき、それぞれの意見を尊重しつつ、スムーズに議論を進めることができます。

周波数別の経営者タイプ

才能とは、「人より努力しなくても人より上手くできること」

ウェルスダイナミクスでは、『才能』を「人より努力しなくても人より上手くできること」と表現しています。先程のテストで明らかになった自分の周波数に合った活動を行うことで自分の才能を発揮し、無理なく成果を出せる可能性が高まります。読者である士業・コンサルタント・起業家の皆さんも、４つの周波数のどれかが強いはずです。長年、税理士活動の中で出会った多くの事業者の経営スタイルを４つの周波数で分類してみました。

周波数で見るタイプ別経営スタイル

４つの周波数を、経営者のタイプに当てはめ次のように分類してみました。

- ダイナモ：起業家・新規事業プロデューサータイプ

・ブレイズ：チームリーダー・コーチタイプ
・テンポ：実務家・現場長タイプ
・スチール：研究者・仕組みづくりタイプ
それぞれの周波数と経営者タイプについて解説していきます。

ダイナモ周波数：起業家・新規事業プロデューサータイプ

ダイナモ周波数を強く持つ人は創造と革新のエネルギーを持ち、「ＷＨＡＴ」つまり商品やサービスで問題を解決しようとします。自己重要感を大切にする傾向があり、思考特性は直感的でアイデアが次々に浮かびます。

ビジネスでは、新規事業の立ち上げや新商品、新サービスの開発に情熱を燃やします。一方で、地道な実務は苦手とします。自己重要感が強いため、自身が中心となって活動を進めることを好み、コーチとして他者の成功を支えることは少し苦手かもしれません。

世界的な起業家コンサルタントでビジネスコーチングを生み出したマイケル・Ｅ・ガーバー氏もダイナモの特徴を持つ人物と言えます。私は、彼に実際にお会いし、著書の翻訳をする中で、強いダイナモ性を感じました。

彼は「スモールビジネス・コンサルティングのマクドナルドチェーンを創る」というビジョンを持っています。独創的な発想のコンサルティングに加えて、新しいコンセプトのコンサルティングビジネス構築に興味を持ち、才能を発揮します。

ダイナモは、自分自身が直接クライアントと接することやルーティンワークよりも、新しい商品やサービスを開発することや新規事業をプロデュースすることに専念し、チームメンバーの他の周波数を活かすことで大きな成功を収めます。

ブレイズ周波数：チームリーダー・コーチタイプ

ブレイズ周波数を強く持つ人は情熱と社交性に溢れ、「ＷＨＯ」に焦点を当てます。外向的な行動特性を持ち、他者との関わりやメディアの意見を参考にして意思決定を行います。人間関係を重視するため、ビジネスではチームを組織し、メンバーを鼓舞し、営業力を強化することに長けています。チームリーダーやコンサルタントとして、クライアントの成功を自分の喜びとして捉えるタイプが多いです。

多様性を重視し変化を求めるので、１日中数字と向き合うような単調な仕事では才能を発揮することができません。新しいことにチャレンジし、新たな人々と出会うことで才能を輝かせることができます。そのため他業種や他士業とのコラボレーション、広報や営業活動なども得意分野です。数値管理や事務作業が得意なテンポやスチールの人材をチームに取り入れることでバランスを取ることができます。

また、自分自身で新しい商品・サービスをつくり出すことは得意ではありませんが、既存のものを広める力を持ちます。

テンポ周波数：実務家・現場長タイプ

テンポ周波数を強く持つ人は、調和と献身のエネルギーに満ちており、「WHEN、WHERE」という質問を通して問題を解決します。彼らは絆、つながり、調和を重視し、思考特性は体感的で、空想よりも現実を優先します。

自分で新規営業するよりも、丁寧な仕事で実績と信用をつくり、周りから仕事の推薦や紹介を得ることが得意です。また、時間内に必要なことを完成することが得意です。

ダイナモのような大きなビジョンから逆算するのではなく、地道に実績を積み重ねて目標を達成していきます。彼らは0から創造するよりも、既存のルールに従って仕事を遂行することに長けているため、士業の実務に適しています。

さらに、自衛隊員の中にテンポ周波数が多いことを示す調査もあります。これは、上意下達の組織内で調和を保ちながら規律正しく行動することを得意とする人たちが集まっていることを意味します。彼らの多くが、独立するよりも組織の一員として働くことを好みます。独立よりも大組織の中で現場長的な位置づけが最適です。

新しい商品やサービスの創出には苦手意識があるため、ダイナモの人と協力することで、互いの強みと弱みを補完し合うことができます。

スチール周波数：研究者・仕組みづくりタイプ

スチール周波数を強く持つ人々は、「ＨＯＷ」、つまり「どのように」という問いを通じて問題解決を図ります。得意なことは「計算」です。ハンドブックやマニュアルを細かい部分まで読み込み全情報を理解します。彼らにとって重要なのは効率と論理性で、作業の効率化を図りつつ、汎用性や再現性を高めることで、フランチャイズビジネスのように事業を仕組み化していくことに長けています。「これを、自分がいなくても回るようにするにはどうすればよいか？」と、問いながら事業から属人性を取り除いていきます。

また、論理的なアプローチを追求し、研究者のように他では真似できない高度な専門性を要する仕事に取り組むこともあります。一般にビジネスのリソースは「ヒト、モノ、カネ」と言われますが、ブレイズが「ヒト」の重要性を強調するのに対し、スチールはこれら３つのリソースを目標達成のためのものと割り切って事業に投入します。ここからも彼らが効率と確実性を追求することがわかります。

ダイナモのアイデアをシステム化して再現性のあるビジネスを創造したり、ブレイズと組んで弱みである対人関係構築を補ってもらうことでスチールの効率と論理性の力を発揮できます。前述の、起業家コンサルタントのマイケル・Ｅ・ガーバー氏は、「ビジネスはシステムが動かし、そのシステムを動かすのが人間である」というシステム思考を提唱しています。この思考を最も具現化しやすいのがスチール周波数だと私は考えています。

〔図表3　４つの周波数の士業のタイプ〕

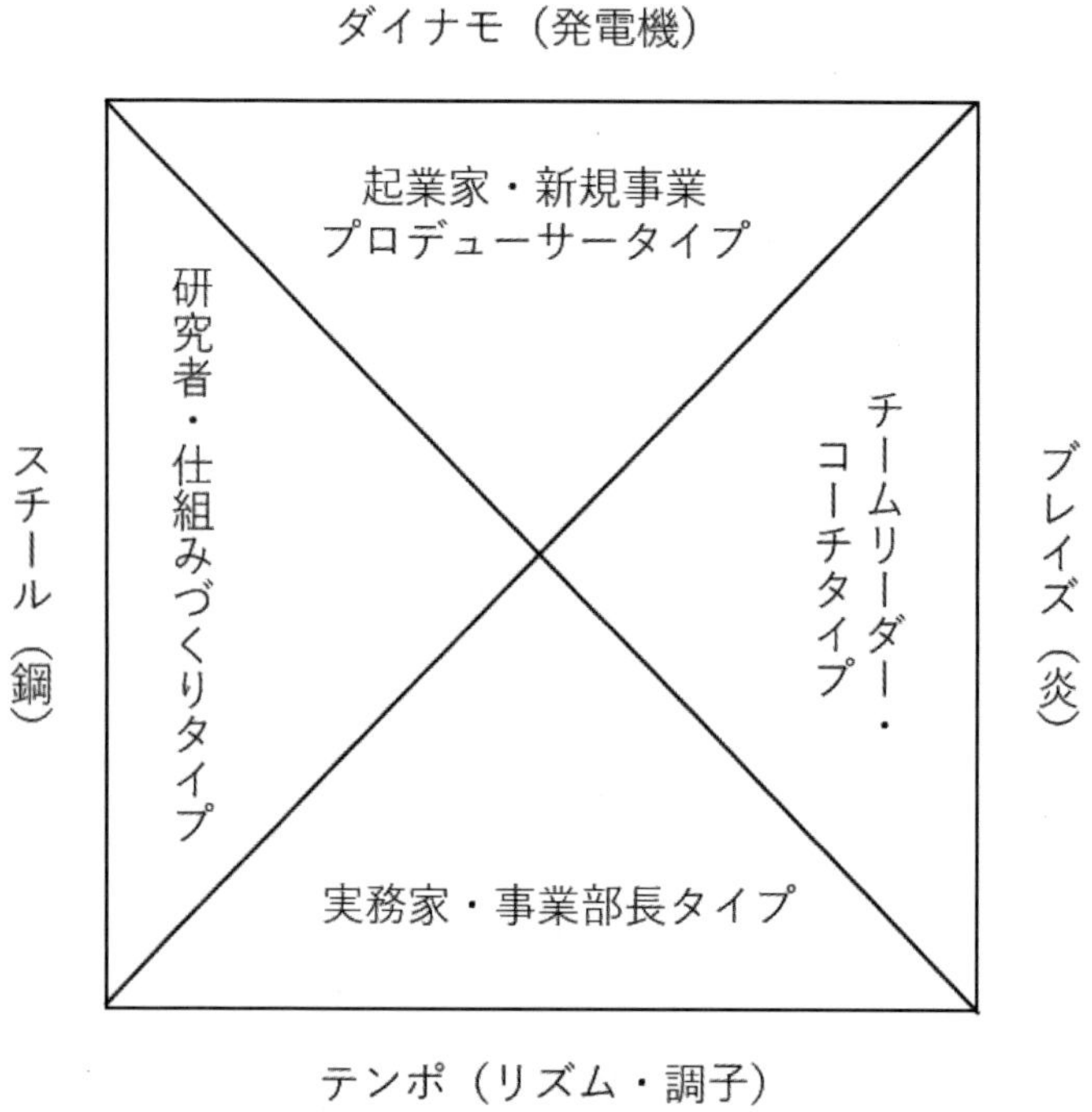

ここまで4つの周波数について詳しく見てきました。中には複数の周波数が同じくらいに強い人もいるかもしれません。次の章では、複数の周波数が高い人も納得できるように、さらに細分化した8つのプロファイルについて解説していきます。

第1章で最も重要なのは、世の中には自分と全く違う思考と行動の特性を持つ人がいるということを理解することです。自分にないものは他者から借りてくる。みんな違ってみんないいのです。

コラム／PDCAサイクルが苦手な周波数

ダイナモ・ブレイズはPDCAが苦手？

ＰＬＡＮ（計画）・ＤＯ（実行）・ＣＨＥＣＫ（測定・評価）・ＡＣＴＩＯＮ（対策・改善）の仮説検証プロセスの循環がマネジメント品質の改善のため重要であるとよく聞きます。しかし、計画してもすぐに新しいアイデアが浮かんでしまうダイナモや、ヒトの影響でついつい計画からそれてしまうブレイズは、このＰＤＣＡを回すのが苦手なのではないでしょうか？

ダイナモ・ブレイズにおすすめTEFCASサイクル

思考法やノート術として有名なマインドマップを発明したトニー・ブザンという人がいます。私は、２０００年代の後半に、トニー・ブザン氏公認のマインドマップ・インストラクターとして活動していました。彼は数年前に亡くなられましたが、知の巨人でした。このトニー・ブザン氏が推奨していたのはＴＥＦＣＡＳというサイクルです。

ＴＲＩＡＬ（まず何かやってみる）・ＥＶＥＮＴ（何か現象が起こる）・ＦＥＥＤＢＡＣＫ（そこからフィードバックを得る）・ＣＨＥＣＫ（測定・検証する）・ＡＤＪＵＳＴ（修正・調整する）・このサイクルを繰り返し最終的にＳＵＣＣＥＳＳ（成功する）に至るという考え方です。

まず、新しい商品を販売してみる。売れないという現象が生じる、これは単なる現象であって、そこには成功も失敗もない。上手くいかなくても落ち込まない。売れないという現象をフィードバックとして受け入れる。売れない原因を検証してみる。そして修正する。また販売して成功するまでやり続ける。

ＴＥＦＣＡＳのサイクルは、実はＳ（成功）から始まります。まず成功を強くイメージする。先程の例でいうと、新商品が売れたというイメージを描くことからスタートします。

トニー・ブザン氏は、これをジャグリングに例えていました。私もその影響で、３つの球を使ったジャグリングに挑戦しました。まず、３つの球がスムーズに空中に舞うイメージをして、ＴＥＦＣＡを繰り返すうちにＳに至ることができました。

最初に計画がないので、途中で新しいアイデアが浮かんで、全く違う商品や事業に方向転換することにも制限がありません。

ＰＤＣＡサイクルが窮屈と感じる人には、このＴＥＦＣＡＳサイクルをおすすめします。

第2章　あなたの才能タイプを知る

自分の才能を知るための8つのプロファイル

家族や友人・同僚・取引相手の周波数を推測してみる

第1章では、4つの異なる周波数について解説しました。家族、友人、同僚、取引相手などの言葉や行動を通じて、各人の周波数を推測できるようになることで、怒りや落ち込みが減少し、コミュニケーションがよりスムーズになるでしょう。

自分の才能についてもっと知りたい

自分自身のことについては、もっと詳しく知りたいかもしれません。なぜなら第1章の設問でも、1つのカテゴリーが全部YES、他のカテゴリーが全部NOということはなかったと思います。人は、4つの周波数の要素を、それぞれある割合で持っています。

図表4のチャートは、私が受験したウェルスダイナミクスのプロファイル（才能タイプ）テストの結果を示しています。他の周波数も決してゼロではないものの、ダイナモが52％と顕著に高いことがわかります。

一方、Sさんのテスト結果を示す図表5のチャートでは、ダイナモが44％と高いものの、ブレイズも32％と相当高い値を示しています。これは、私とSさんが特性や才能において異なることを示し、ダイナモ周波数が高い両者の間でも、明確に違いがあるということを意味します。

そのために、ウェルスダイナミクスでは、４つの周波数を、思考特性（直感的・体感的）と行動特性（外向的・内向的）の度合いによって８つのプロファイルに分類しています。

〔図表４　私のプロファイルテスト〕

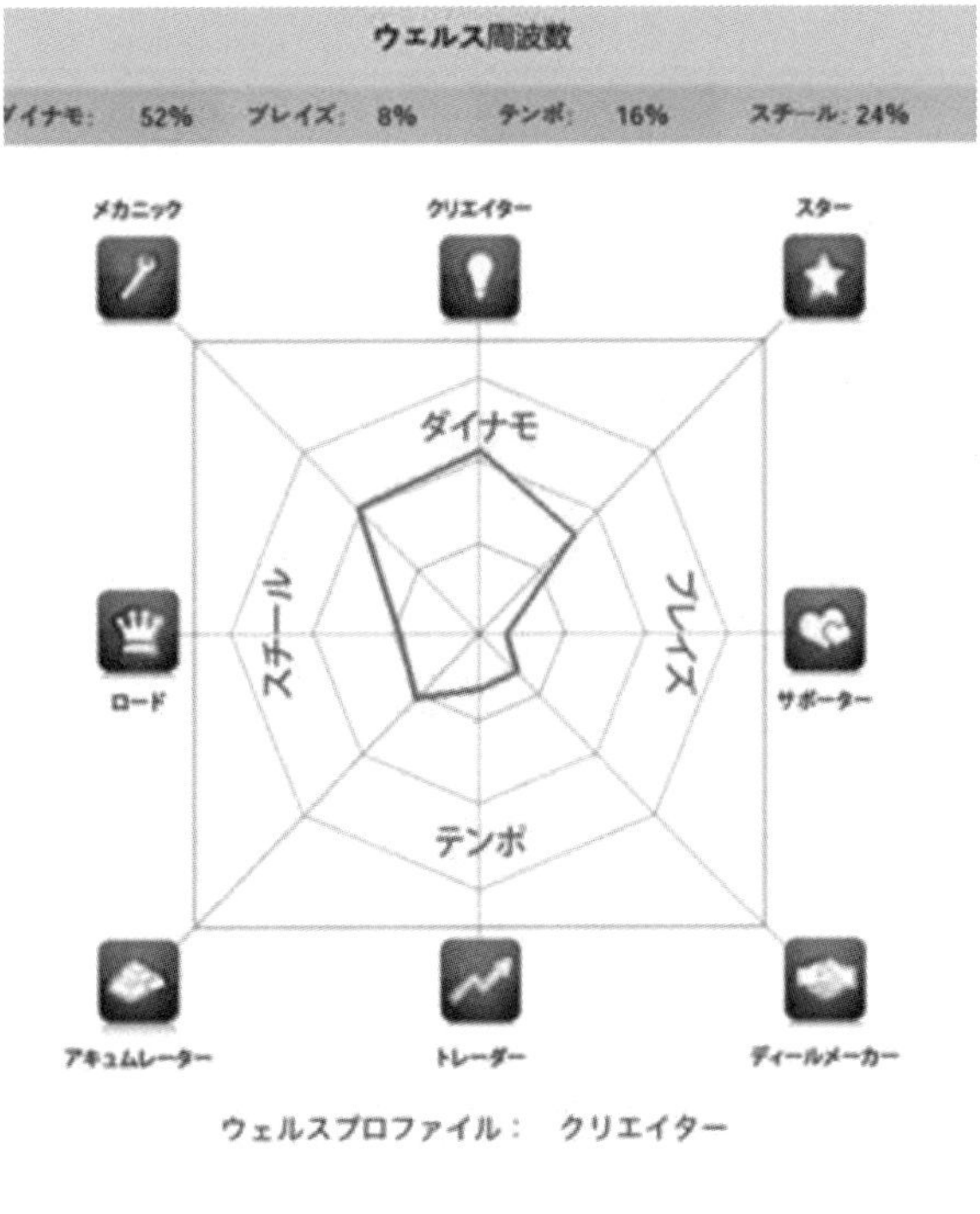

〔図表５　Ｓさんのプロファイルテスト〕

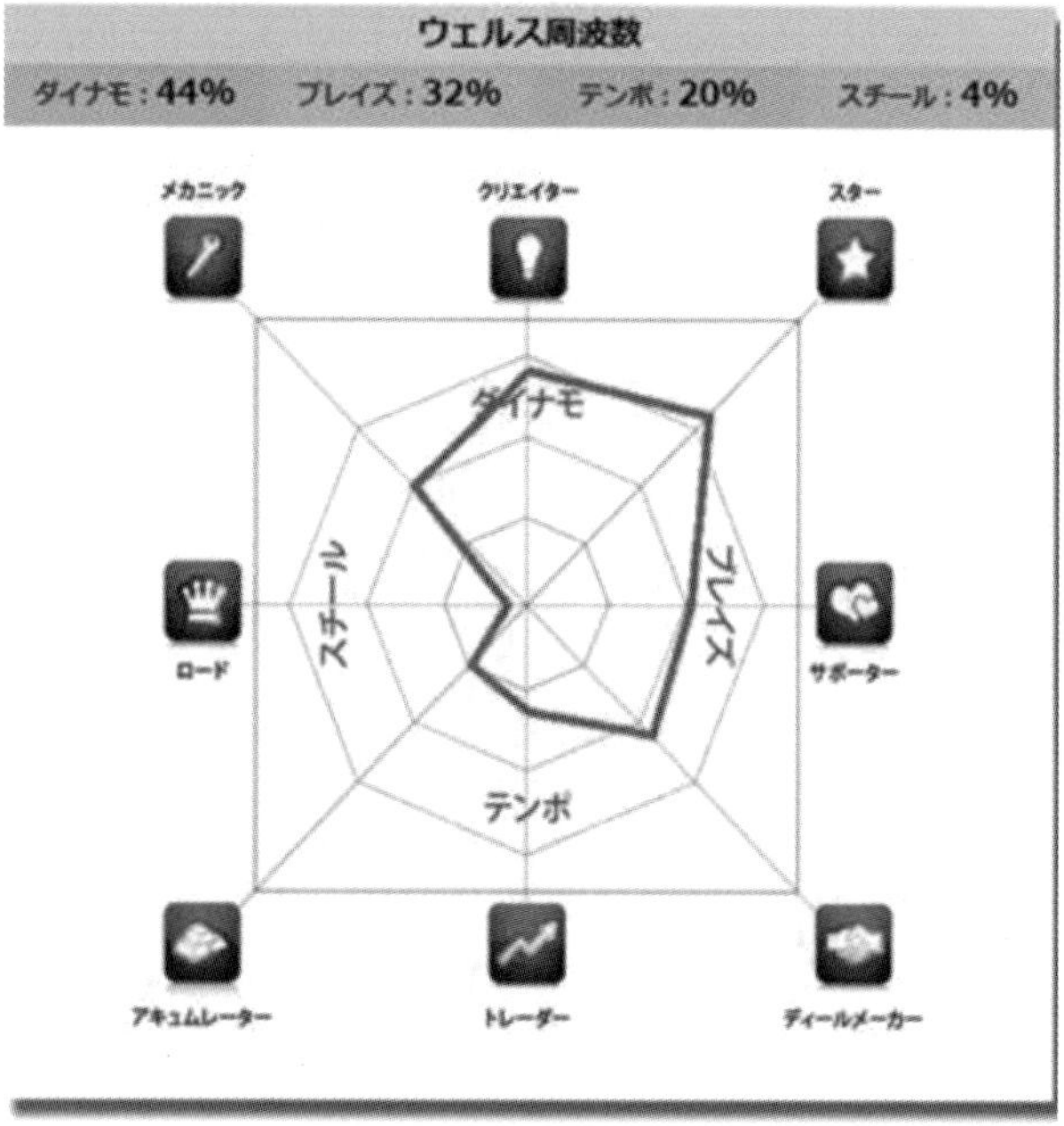

ウェルスプロファイル：　スター

4つの周波数と8つのプロファイルの関係

特性によって8つのプロファイル（才能タイプ）に分類する

ウェルスダイナミクスでは、先ほど紹介した思考特性と行動特性に対して、それぞれ3つの度合いを設定しています。図表6のように縦軸に思考特性（直感的・体感的）、横軸に行動特性（外向的・内向的）を位置づけて8つのプロファイルに分類します。

先ほどのプロファイルテスト結果のチャートでは、私の思考特性は直感的で、行動特性は内向的と外向的の中間くらいなので、①クリエイターが私のプロファイルになります。Sさんは、思考特性は直感的で行動特性は外向的なので、②スターのプロファイルに分類されます。

これら8つのプロファイルは、それぞれユニークな才能や特性を持ちます。

自分のプロファイルを知ることで人生が開けた

私は十数年前にロジャー・J・ハミルトン氏の著書を読み、プロファイルテストを受け自分がクリエイターのプロファイルを持つと知ったことで人生が好転しました。

クリエイターという言葉通り、新しい商品サービスをつくり出すことが、最も、心に負荷をかけることなく伸び伸びと自分の能力を発揮できる道だと納得することができ、そこからはその道に沿って進むことにしました。
それぞれのプロファイルについて、この後の章で、詳しく解説していきます。

〔図表6　4つの周波数と8つのプロファイルの関係〕

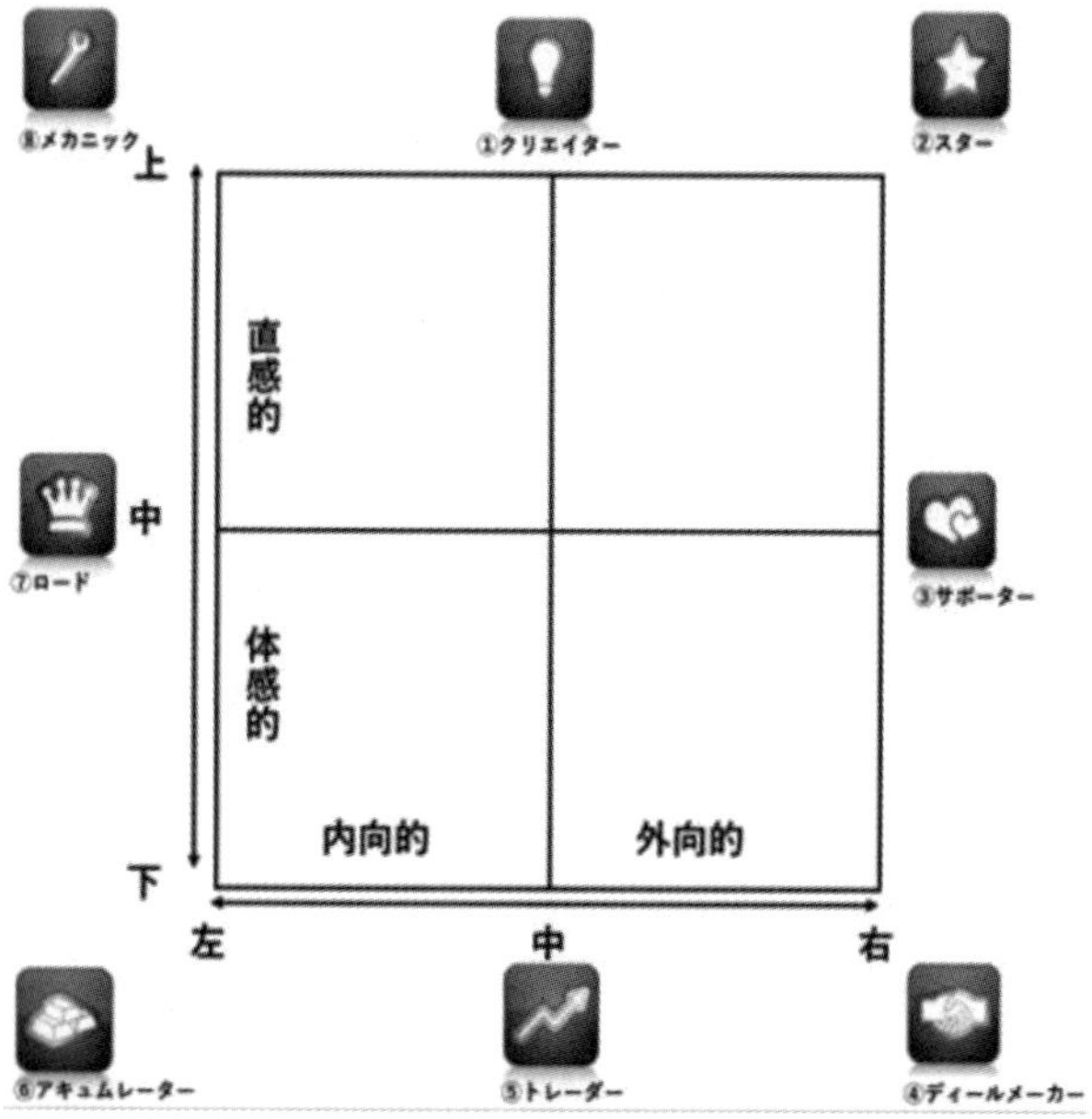

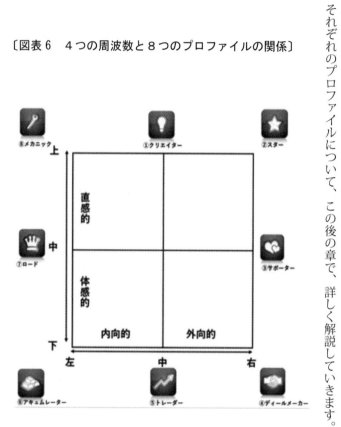

楽に生き、辛いことを手放すことはわがままではない

水の流れに乗るように才能を発揮する

先ほど、私にとって、新しい商品やサービスを創出することが、才能すなわち心に負担をかけずに自分の能力を最大限に発揮できる道だと述べました。この道は、まるで水の流れのように自然であるとも言えます。

図表７に示すように、川の流れに逆らってボートを漕ぐ場合と、流れに従って漕ぐ場合、どちらがより楽に進むかは明らかです。仕事においても、流れに乗るように働ければどれほどよいか想像できるでしょう。

苦労を美徳とする日本人

しかし、現実はそう簡単ではありません。日本人には、苦労を美徳とする文化があります。私が、かつて勤めていた会計事務所では、ボーナスの査定基準に「ストレスの多い仕事を頑張った」という項目がありました。負荷の高い仕事を選んで頑張ることがよいとする価値観があったのです。

このような価値観に囲まれて育つと、辛い仕事から逃れることが難しくなります。辛い仕事を長く続けると、辛さを感じる感覚さえ麻痺してしまいます。

私は、約30年間、税理士の仕事を続けてきました。創造と革新を愛するダイナモ周波数が強い性質の私にとって、決められたルールに従い、ルーティンワークをこなすことは大きな苦痛でした。しかし、税理士という職を選んだ以上、その苦痛を受け入れなくてはと自分に言い聞かせてきました。

自分の才能を解放することでより多くの人を幸せにできる

しかし、ウェルスダイナミクスを知ったことで、その麻痺した感覚が覚醒しました。自分にとって力を発揮できる方向が漠然とはわかっていましたが、それを明確に言語化する方法と出会えたのです。

楽に生きていいと後押ししてくれました。楽に生き、辛いことを手放すことは決してわがままではありません。あなたにとって辛い仕事を楽しいと感じる人もいます。逆に、誰かが辛いと感じる仕事は、あなたにとって楽しい仕事かもしれないのです。

芸人のみやぞんさんは、「苦労した辛い努力は実らない」と語っています。野球選手が、毎日、何百回とバットの素振りをするのは、野球が好きで、自分が進化することが楽しいからです。いつかその努力は実るでしょう。しかし、野球をやらない人が、苦労して何百回、素振りをしても辛いだけでその努力は決して実ることはありません。自分の進化が楽しく思えることをやって、自分の才能を解放することで、より多くの人を助け、幸せにすることができるでしょう。

〔図表７　仕事も川の流れに乗るようにゆく〕

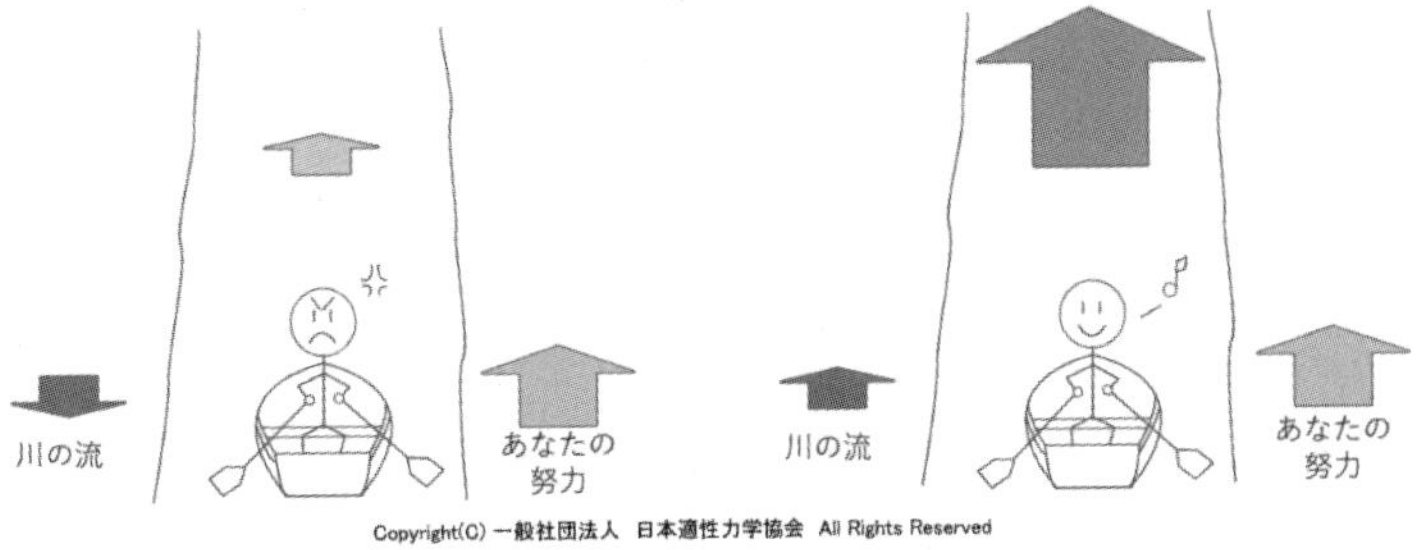

フローに乗る、正しい選択と正しい努力

フロー状態に入ると苦もなく成果を上げられる

先ほどの水の流れの例えは、「フロー状態」という言葉で説明できます。フロー状態は心理学者ミハイ・チクセントミハイによって提唱され、「ゾーン」「ピークエクスペリエンス」「無我の境地」「忘我状態」とも呼ばれています。

子どもの頃、遊びに夢中になり時間が経つのを忘れてしまい、日が暮れてから家に帰ってお母さんに叱られた経験はないでしょうか？

周囲のことを忘れるくらい何かに集中し、かつ高いパフォーマンスを出せる状態が「フロー状態」です。仕事でフロー状態に入ることができれば、川の流れに乗るように苦もなく成果を上げられる様子が想像できるでしょう。

やればやるほどエネルギーが湧いてくる

私にとって仕事でフローに乗っていると感じるのは、やればやるほどエネルギーが湧いてくるような充実感がこみ上げてくるときです。一方、たとえ得意なことであってもやり続けると精神が疲弊する類の仕事もあります。これはフローには乗っていません。心は正直なので、それに従うとい

いでしょう。

プロファイルへの集中がフロー状態への近道

ウェルスダイナミクスでは、自分のプロファイルに合った戦略に焦点を当て集中することが、フロー状態への近道だと捉えています（図表8）。私はクリエイターで、ダイナモ周波数が最も強いプロファイルです。

新規商品、新規事業を開発するときにフロー状態に入りやすくなります。そのプロファイルに従い、あるときから税理士向けのソフトウエア開発を行い、それを提供するサブスクリプション型のビジネスを始めました。

そこに焦点を当て集中するために、税理士の仕事を徐々に減らし、最終的には、税理士業からほぼ撤退しました。その結果、経済的にも時間的にもゆとりを持つことができるようになりました。

「正しい選択」と「正しい努力」で運が積み上がる

サイバーエージェントの創業者藤田晋さんは、『「正しい選択」と「正しい努力」を続けていけば、運は複利のように積み上がる』と著書『運を支配する』（幻冬舎刊）に書いています。

ウェルスダイナミクスのプロファイルを知ることは「正しい選択」をする大きな助けとなり、フローに乗ることは「正しい努力」に繋がります。それにより運を呼び込み積み上げて行くことができるでしょう。

〔図表8　8つのフロー〕

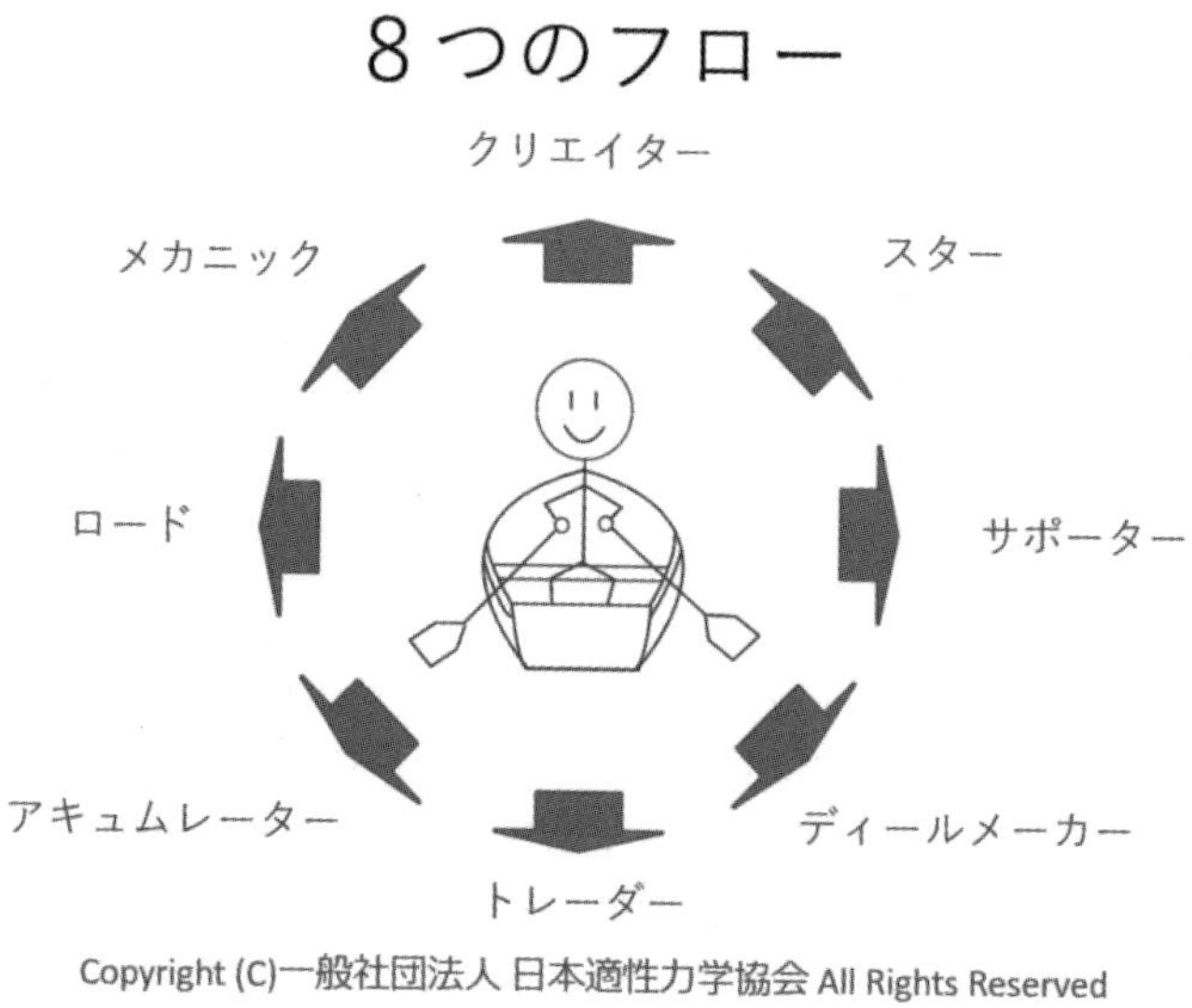

才能タイプを知るためのプロファイルテスト

自分のプロファイル（才能タイプ）を知る最良の方法

自分の才能タイプを知る最良の方法は、一般社団法人日本適性力学協会の有料のプロファイルテストを受けることです（巻末に申し込み用ＱＲコードを掲載しています）。

自分のプロファイルと各周波数の割合を知ることができ、自分自身の取扱説明書のような詳しいレポートを手にいれることができます。

私も２０１０年にこのテストを受けたことで自分の才能タイプを知り人生が開けました。

また、ウェルスダイナミクスの有資格者からのセッションを受けるとさらに理解が深まります。

すぐに自分のプロファイルを知りたい人のために

とはいえ、すぐに自分のプロファイルを知りたいという人のために、一般社団法人日本適性力学協会代表の宇敷珠美さんの著書『ウェルスダイナミクス　一生お金に困らない時間と才能の使い方』（扶桑社刊）に記載されている、簡易版の「プロファイルテスト」を引用します。

宇敷さんは日本にウェルスダイナミクスを紹介した方で、日本における第一人者です。詳しくウェルスダイナミクスを学びたい方には是非、著書を読まれることをおすすめします。

簡易プロファイルテスト

プロファイルテストは48の質問で構成されています。8つのカテゴリーで6つずつ、計48の質問に「YES」か「NO」で答えます。これによって、あなたの才能タイプがわかります。

先ほど行った周波数テストの結果を参照することによって、あなたのプロファイルのアウトラインがより詳細に現れてくるでしょう。このテストも「直感」で答えることが肝心です。次に『ウェルスダイナミクス 一生お金に困らない時間と才能の使い方』（扶桑社刊）より引用します。

「カテゴリー1」

- 思いついたらすぐ行動する　YES／NO
- 未来を優先する　YES／NO
- 短期集中型　YES／NO
- 時間の概念が弱い　YES／NO
- 理想主義である　YES／NO
- 物事を始めるのが得意だ　YES／NO

YESの数（　）

「カテゴリー2」

- お金を稼いでもすぐに使ってしまう　YES／NO

・何もしなくても目立つ　YES／NO
・エネルギー値が高い　YES／NO
・アドリブに強い　YES／NO
・褒められるのが大好き　YES／NO
・人のアイデアを発展させるのが得意　YES／NO
YESの数（　）

「カテゴリー3」

・人を応援するのが好き　YES／NO
・たくさんの人に意見を求める　YES／NO
・チームづくりが得意だ　YES／NO
・すぐ人と仲良くなれる　YES／NO
・おしゃべり好きだ　YES／NO
・数字や計算には興味がない　YES／NO
YESの数（　）

「カテゴリー4」

・相手の懐に入っていくのが得意　YES／NO
・値切り上手である　YES／NO

・自然に人と人とを繋げている　YES／NO
・図に乗りやすいタイプだ　YES／NO
・人を過剰に喜ばせることがある　YES／NO
・常に人と繋がりを持っていたい　YES／NO
YESの数（　）

「カテゴリー5」

・人の気持ちを気にしすぎて行動できない　YES／NO
・人と同じだと安心する　YES／NO
・自然と空気を読んでしまう　YES／NO
・ついつい「今」を優先する　YES／NO
・断るのは苦手　YES／NO
・お手本があるとすぐに動ける　YES／NO
YESの数（　）

「カテゴリー6」

・考え抜いてから行動する　YES／NO
・責任感が強い　YES／NO
・気分にムラがない　YES／NO

・リスクは取らない　YES／NO
・コツコツ型である　YES／NO
・時間を守る　YES／NO
YESの数（　）

「カテゴリー7」

・つい箇条書きになる　YES／NO
・交流会は苦手だ　YES／NO
・いろいろな意味で捨てるのが得意　YES／NO
・常に効率化を考えている　YES／NO
・無駄なことはしたくない　YES／NO
・詳細を含めての全体像を知りたい　YES／NO
YESの数（　）

「カテゴリー8」

・物事の本質がよく見える　YES／NO
・コミュニケーションが簡潔　YES／NO
・一からつくり直したくなる　YES／NO
・自己完結力が高い　YES／NO

・人の感情をつい後回しにする　ＹＥＳ／ＮＯ
・改善点が見える　ＹＥＳ／ＮＯ
ＹＥＳの数（　）

８つのカテゴリーで、最も「ＹＥＳ」の数が多かったところが、あなたの才能タイプです。それぞれのカテゴリーは、次の才能に対応しています。

・カテゴリー１＝クリエイター
・カテゴリー２＝スター
・カテゴリー３＝サポーター
・カテゴリー４＝ディールメーカー
・カテゴリー５＝トレーダー
・カテゴリー６＝アキュムレーター
・カテゴリー７＝ロード
・カテゴリー８＝メカニック

引用終わり

これで、皆さんの才能タイプがわかりました。

アインシュタインは言いました。

「人は誰もが天才だ。だが魚を木登りの能力で評価したなら、魚は自分は駄目だと思って一生過ごすだろう」

しかし、泳ぐ能力で評価すればどうでしょうか？

才能すなわち「人より努力しなくても人より上手くできる道」が、誰にでもあるはずです。その道を進んだときに初めて本来の力を発揮することができます。

今、あなたの進むべき道がわかりました。

このあとで各プロファイルの解説をしていきますが、このテストの結果とその説明を自分に当てはめてみて違和感を感じる方もおられるかもしれません。そういう方はより精度の高い公式テストを受験されることをおすすめします。巻末にプロファイルテスト申し込み用ＱＲコードを掲載しています。

第1章と第2章で、読者の皆さんの周波数と、プロファイルがわかりました。次章では、各プロファイルの特徴と強み・弱み、プロファイルをどう活かせばよいのかを学んでいきます。

各プロファイルの概要と強み・弱み

それでは、各プロファイルの概要・強み・弱みをみていきましょう。

〔図表９　ウェルスダイナミクス・スクエア〕

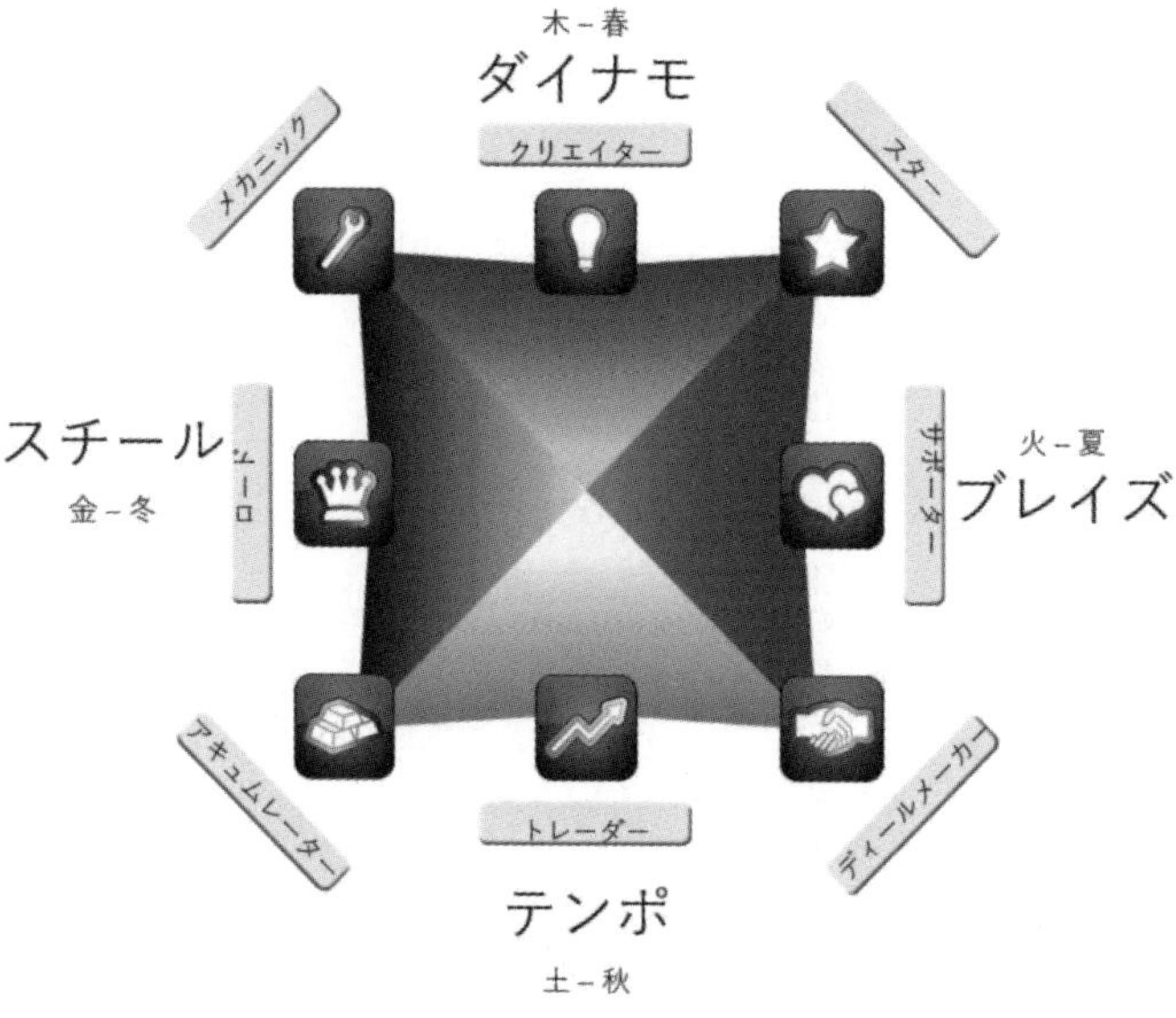

①クリエイター：素晴らしいアイデアを生み出す発明家／起業家

・**概要**／クリエイターは、直感的な思考特性を持つダイナモ周波数を強く持ちます。行動特性は、内向と外向の真ん中に位置します。そのため内向的クリエイター（発明家）と外向的クリエイター（先駆者）の両方が存在します。

発明家である内向的クリエイターは、新しいアイデアから独創的な商品を生みだします。外向的クリエイターは、商品開発だけでなくビジネス戦略もつくり出します。

・**強み**／創造力が豊か、楽観的、刺激を受けるのも与えるのも好き、活気を与える、可能性にフォーカスする、視点が高い、物事を始めるのが得意、ビジョンがあると物事を進めやすい、行動が早い、複数のアイデアを同時に進行できる、先見の明がある。

・**弱み**／時間の意識に欠ける、まわりの人たちの達成能力を楽観しすぎる、指示や表現が大まか過ぎる、予算を度外視する、物事を完了させるのを苦手とする、ルーティンワークを好まない。

②スター：社交的で自分の魅力を使って人々を引き寄せる

・**概要**／スターは、直感的なダイナモ周波数と外向的なブレイズ周波数を強く持っています。自分が目立つことで、多くのものを引き寄せます。

クリエイターのように新製品やサービスを生み出すわけではなく、自分のブランドによって商品やサービスの価値を高めます。

・**強み**／外交的、活力に溢れている、イメージを原動力にする、どんな人とでも接点を持てる、他人のアイデアを発展させることが得意、決断が速い、注目を集める、難局でも即興でその場を乗り切る、人にインスピレーションを与えたりやる気を起こさせたりする、すぐ価値を提供できる、エネルギーに溢れ、楽しみ方を知っている、アイデアを採用し実行する。

・**弱み**／威圧的になることがある、論争の的となる、手離すことが苦手、自分のキャラクターを使って物事を運ぶ、パフォーマンスよりもイメージを優先する、人の話に耳を傾けない傾向がある、消費を好む、近道を好む、他者への配慮を忘れてしまうことがある、細部を見落としやすい、他のアイデアを検討せずに最初のアイデアで突っ走ることが多い。

③サポーター：熱いリーダーシップでチームをリードする

・**概要**／外向的なブレイズ周波数を強く持つサポーターは、社交的で、忠実で責任感が強く、ネットワークづくりが得意です。サポーターが自分のチームをつくれば、持ち前のリーダーシップで強力なものになります。

・**強み**／人間関係を重視する、リードすることも、フォローすることもできる、チームビルディング力、人間関係構築力、人に自信を持たせる、前に立って物事を行う力がある、認めた人に対しては忠誠心が極めて強い、素晴らしい応援団長、多様性を重視する。

・**弱み**／数字や文字情報に対する関心が薄い、事務・管理部門に向かない、おしゃべり好き、よく方向性を変える、多くの人に意見を求めすぎる、人に影響されやすい、集中力が散漫になりやすい、寂しがり屋。

④ディールメーカー：人の価値を見出し人と人を結びつける

・**概要**／ディールメーカーは外向的なブレイズ周波数と体感的なテンポ周波数を強く持っています。８つの周波数の中で最も、人脈によって成功が左右されます。どれだけいい人脈をつくれるかでどれだけ成功できるかが決まります。鋭い体感覚を活かしてチャンスを察知して行動に移すことができます。

・**強み**／社交的、親近感がある、茶目っ気がある、常に人とつながりを持っている、すばやくチャンスを見抜く、営業活動が得意、頼み事が上手い、会話を通じてお金を生み出す、話しかけやすい、人の話に耳を傾ける、人を楽しませる、自分の持つ人脈の質と量でお金を生みだせる。

・**弱み**／商品・サービスの提供を完了するために仕組みを必要とする、人を過剰に喜ばせる、八方美人になりやすい、ポリシーがない、図に乗りやすい、目の前の実利に目が眩み道から外れることがある、他人や他人のアイデアに気を取られやすい。

⑤トレーダー：タイミングを取ることに優れ、数多くの取引をこなす

・**概要**／トレーダーは、体感的なテンポ周波数を強く持ちます。掘り出し物を見つけることに楽しみを見出し、商品の値引き交渉や、最安値のものを探し出すことが得意です。

クリエイターと同様、内向的トレーダーと、外向的トレーダーがいます。内向型トレーダーは、データやリサーチに関わるときに力を発揮します。外向型トレーダーは人と関わり、その体感を活かした交渉事が得意です。

・**強み**／安定している、周囲に対する観察眼が鋭い、状況を察知する、地に足がついている、一度に複数の作業をこなせる、適正価格がわかる、多くの人が見逃すような物事を体感できる、人のために時間を割く、何でもそつなくこなす、対人的不平等に敏感、意図がなくても動ける。

・**弱み**／人の気持ちにこだわりすぎることがある、全体像を見失うことがある、自信を失いやすい、ストレスや疑念を抱え込みやすい、変化を嫌う、長期的展望が見えづらい。今を優先して生きる。結果を得るための指示を求める、新しいことよりルーティンを好む、見たり経験したりすること体験・体感を重視する、目の前の物事に埋没して目的や意義などを失いやすい。

⑥アキュムレーター：忍耐強く、着実に目標に向かって築いていくタイプ

・**概要**／アキュムレーターは、内向的なスチール周波数と、体感的なテンポ周波数を強く持ち、8つの中で最も保守的でリスクを嫌う手堅いプロファイルです。分析力に優れスケジュール通りに物事を進められるので、頼れるプロジェクトマネジャーになれます。

・**強み**／責任感がある、影の努力を怠らない、注意深い、時間通りに職務を遂行する、できない約束はしない、チームに現実味をもたらす、うまくいかなくなりそうな部分に気づく、計画を実行に移す力がある、物事を進める際に最適なタイミングと場所を見計らう、几帳面、継続力、信頼される、淡々と物事を進める、周りに振り回されない、ルール・指示に従う、すでにあるフローに乗るのが得意。

・**弱み**／自己アピールが苦手、細かいことに気を取られる、物事をスタートするときに多くの情報を必要とする、リスクがよく見えるため悲観的になりやすい、情報や知識を集めただけで終わることがある、無秩序な状態から距離を置こうとする、リスクが見えるためスタートを切りづらい、情報を持ちすぎることで判断に迷うことが多い、こだわりがない。

⑦ロード：お金を生み出すシステムをつくって管理する

・**概要**／ロードは、内向的なスチール周波数を強く持ち数字を重視します。詳細を管理し、細部にこだわります。倹約家で、コスト削減と業務の効率化を図ります。影の支配者としてキャッシュフローを生み出すシステムをつくり出すことに長けています。

・**強み**／物事を統制、管理する、用心深い、整理整頓されている、あらゆる状況を分析する、まわりの人たちが気づかないような「差」を見抜くことができる、すべてを把握するまで気を抜かない、細部までのリスト化、細部へのこだわり、分類するのが得意

・**弱み**／人間関係よりも仕事に比重を置く、社交の場を苦手とする、整理・削除しすぎてしまうことがある、情報・データに没頭しすぎることがある、重要な集まりに参加し損ねることがある、ルールを優先させすぎることがある、制御・コントロールしようとしすぎることが多々ある、世間話を苦手とする、細かいところを気にしすぎる。

⑧メカニック：革新的なシステムを創造する

・**概要**／メカニックは、直感的なダイナモ周波数と内向的なスチールの周波数を強く持ちます。常に自分のシステムの改善すべき点を探し、製品をさらに洗練させようとすることから、周囲からは完璧主義者と評されます。新しいアイデアをつくり出すことよりも、既にあるものを完璧にすることのほうが性にあっています。

・**強み**／創造力に富む、完璧主義、体系化が得意、改善し続ける、すばやく微調整ができる、機能していない部分に気づく、システムを改善する方法を見つけることが得意、単純化・簡素化により複製可能にすることができる、物事をシンプルにすることが得意、システムを完成させるために細部まで気を配る、再構築力がある。

・**弱み**／打ち解けず人と距離を置く、コミュニケーションのとり方を誤って摩擦を起こすことがある、理論的で融通の利かないことがある、自分の管轄外の変化に興味がない、完璧を追求するあまり行動が遅くなることがある、とっつきにくく見られる、詳細にはまってしまうことがある、スタンダードが高いのでタスクを完了するのに時間がかかることがある、チームのことを忘れてしまうことがある、物事を完璧にしようとすることにフォーカスするあまり、周りの変化を見逃すことがある。

周波数からプロファイルを理解する方法

スターはアイドル？

スターは映画スターやアイドルのような人々でしょうか？　プロファイル名に影響されて、自分以外のプロファイルの特性を、よく理解できないことがあります。そういったとき、４つの周波数で考えると理解が深まります。

私自身もはじめは、スター、サポーター、ディールメーカーといったブレイズ周波数の人々の違いを完全には理解していませんでした。

この３つは、どのプロファイルもブレイズ周波数が強く、人に対する関心が高く、他者を支援することに長けています。

しかし、スターはブレイズ×ダイナモであり、自由奔放に振る舞い、影響力を与えることで共感を呼び、人々の注目を集める特性があります。サポーターはブレイズが最も強く、チームをまとめ上げ、仲間を熱心に支援します。ディールメーカーはブレイズ×テンポであり、穏やかで包容力があります。

映画の主人公のプロファイルを周波数で理解する

「いまを生きる」は1989年の映画で、アカデミー脚本賞を受賞した私も大好きな作品です。この映画で、ロビン・ウィリアムズが演じる名門全寮制高校の型破りな教師キーティングは、スタープロファイルの典型だと言われますが、私にはそれがすぐには理解できませんでした。

しかし、キーティング先生の授業に影響を受け、地位のある親の期待や学校の規則に縛られていた生徒たちが自分の人生を見つめ直し殻を破っていくプロセスを見ると、ダイナモ（自由奔放）×ブレイズ（人への関心）というキーティング先生の周波数が理解できます。

サポーターの例としては、やや古いですが、ドラマ「スクールウォーズ」の滝沢先生が当てはまると思います。滝沢先生のモデルは、京都の伏見工業高校（現京都工学院高校）ラグビー部の元監督、山口良治さんです。NHKのプロジェクトXでも「ツッパリ生徒と泣き虫先生」というタイトルで取り上げられたことがあります。

京都一のワルと呼ばれた不良少年をラグビー部に勧誘し、母親がいない彼のために自分のものとは別に毎日お弁当を学校に持っていき、心身ともに彼を鍛え上げ、日本高校代表選手に選ばれるまでになりました。その少年は「不良の気持ちは、不良だったお前にしかわからん」という山口先生の言葉に後押しされて大学卒業後は高校の教師になるのでした。

この熱い応援の仕方は、まさにブレイズ周波数が強いサポーターの特徴が出ています。ちなみに私は、同時代に京都の高校でラグビーをやっていましたので、山口先生の熱く指導される姿を何度も拝見しました。

このように、同じ周波数に属する異なるプロファイルは、周波数の組み合わせで考えることで、イメージしやすくなります。

プロファイルの取り扱いに注意

プロファイルとは

ウェルスダイナミクスのセミナーでは、プロファイルとは次のように説明しています。

・レッテルではない
・トレンドではない
・気分で変えられるものではない
・あなたの一時的な基盤ではない
・キャリアパスや職業を示すものではない
・富を得る唯一の手段ではない

・責任を転化するものではない
・言い訳にするものではない

確証バイアスに注意　血液型と性格の関係

確証バイアスとは、認知心理学や社会心理学で取り上げられるバイアスの1つで、自分の思い込みや願望を強化する情報ばかりに目が行き、そうではない情報は軽視してしまう傾向のことを指します。

確証バイアスのわかりやすい事例として、日本ではおなじみの「血液型」と「性格」の関係を挙げることができます。

人の性格は1つに決定されるものではなく、通常はさまざまな特徴を含んでいるものです。しかし、相手の血液型がA型だとわかると、一般的によく言われる特徴である「A型は几帳面」という情報にばかり目がいき、他の情報が見えなくなってしまいます。自分の見たいものだけを認識し、「やはりA型は几帳面」と決めつけてしまうというやつです。

プロファイルで決めつけない

税理士というと専門書とにらめっこして、コツコツ税金の計算をする人というイメージがあります。しかしクリエイター、スター、サポーターのような外向的なプロファイルを持つ人々が税理士に不向きだとして諦めるのは、早計です。実際に様々な税理士にプロファイルテストを受けてもらい、インタビューを行ったところ、これらのプロファイルを持つ人々でも、税理士業をうまく運営している例は多くありました。

クリエイターの発想力で、斬新な集客方法や、顧客サービスを行っている税理士、スターの発信力でＹｏｕＴｕｂｅｒとして情報提供し集客や採用に成功している税理士、人を応援する才能を活かしコンサルティングやコーチングに力を発揮する税理士など、収益モデルが確立された税理士ビジネスの中で、自分に合ったフローを見つけることが成功への鍵となる場合もあります。

また、自分のプロファイルが営業に向いていないとして、それを言い訳にするのは、自分の可能性を狭めることにつながりかねません。ロードのデータ分析力を、インターネット広告の効果測定に活かした新規営業が得意な税理士もいます。

プロファイルをうまくいかない言い訳に使うのではなく、うまくいくにはどう活かせばいいのか？　を考えるために使いましょう。

プロファイルは遺伝か？　後天的なものか？

性格診断の信頼性係数は０・７

『運は遺伝する　行動遺伝学が教える「成功法則」』橘　玲・安藤　寿康著（ＮＨＫ出版刊）によ

ると、パーソナリティ（人の個性や人柄、性格）を測定したときの信頼性係数は0・7で、それに対してIQの信頼性係数は0・9なのだそうです。

金属の棒とゴムでできた棒に例えるとパーソナリティはゴムでできた棒のようで、状況によって変化しやすい。その人にとって神経質的な行動が出やすい状況を多く質問すれば、神経質というスコアは高く出てしまいます。

誤差はIQ検査では低く、パーソナリティ検査では大きい、この誤差は、「遺伝と関係があるかよくわからない有象無象の出来事」の集まりだと同書では説明されています。

つまり、この誤差は後天的な環境や行動によって生み出されたものだということです。

唾液によるゲノム解析でわかる性格診断

同書には、「唾液を送り1万円ほどの費用で自分のゲノムを解析できる」と書いてあったので私も試してみました（GeneLife：https://www.genelife.jp/）。

このサービスでは、自分の父方と母方の祖先の歩みをアフリカまで遡って調べることができます。また、MySelfというパーソナリティ診断ができるサービスもあります。ビッグ・ファイブと呼ばれる、現在の心理学界では性格を記述する1つのスタンダードとなっている手法を用いた自己分析ができます。

この手法では、すべての人は、ある特性が「高」と「低」の間のどこかに位置すると仮定されます。

ある特性とは、一般的には、「オーシャン（OCEAN）」または「ビッグ・ファイブ（Big 5）」と呼ばれ、「開放性（経験への開放性：Openness to experience）」「勤勉性（Conscientiousness）」「社会性・外向性（Extraversion）」「協調性（Agreeableness）」「慎重性・繊細性（Neuroticism）」の5つです。

機械学習によって、SNSのフェイスブックでの行動と、ビッグ・ファイブとの相互関係性が発見されています。このデータがアメリカの大統領選挙でも使われたことがあるそうです。

自己分析結果と遺伝子検査結果の差異

図表10は、私の、テストによる性格自己診断と遺伝子検査を重ねたものです。

開放性が、自己分析結果と遺伝子検査結果ともに高くなっています。

開放性についての遺伝的な素質の解説には「常に新しいことに刺激を求めており、チャレンジ精神が旺盛なので、意欲的に新たな経験を積んでいくでしょう。独創的なアイデアが豊富な一面も持ち合わせています」とあります。常に新しいことに刺激を求め、独創的なアイデアが豊富という部分は、ウェルスダイナミクスにおけるクリエイターのプロファイルと、ほぼ一致します。このことから私のクリエイターとしての特性は遺伝的なものと言えるのかもしれません。

一方、ブレイズ周波数と関連がありそうな社会性・外向性については、遺伝的にはあまり高くありません。実際、私は、人の多い会合やパーティーが苦手です。しかし社会生活を営むうえで後天的に社交性が高まったために自己評価が高くなった可能性があります。

逆に、テンポ周波数的な、勤勉性については、自己評価が遺伝子検査結果よりも低くなっています。勉強好きで事務作業も苦手ではないのですが。ダイナモ周波数に引っ張られ、何かに夢中になると、ルーティンの作業が後回しになってしまう傾向を表している可能性があります。

人間の行動を動機づける3つの要因

パーソナリティが遺伝的なものか後天的なものかについては、『ハーバードの心理学講義』ブライアン・R・リトル著（大和書房刊）にわかりやすく書かれています。人間の行動を動機づける要因は、①「遺伝的動機」②「社会的動機」③「個人的動機」の3つがあります。「遺伝的動機」は生まれ持った自然な行動、「社会的動機」は、社会規範に従った行動、「個人的動機」は、傍目にはその行動の理由がわかりませんが、仕事の役割や、何かの目標のために別人を演じるときにとる行動です。生まれ持った遺伝的性質に従って生きていければ楽なのですが、そうとばかりはいきません。

しかし、もとの性質と違う自分を演じることとは、自分を偽るということではなく、「私たちの可能性を広げてくれる、意義のあること」だとこの本で説明されています。

成長の機会を得るチャンスだと考えると、昭和の精神論として死語になりつつある「若いときの苦労は買ってでもしろ」は、あながち間違いではないかもしれません。

〔図表 10　自己分析結果と遺伝子検査結果の差異〕

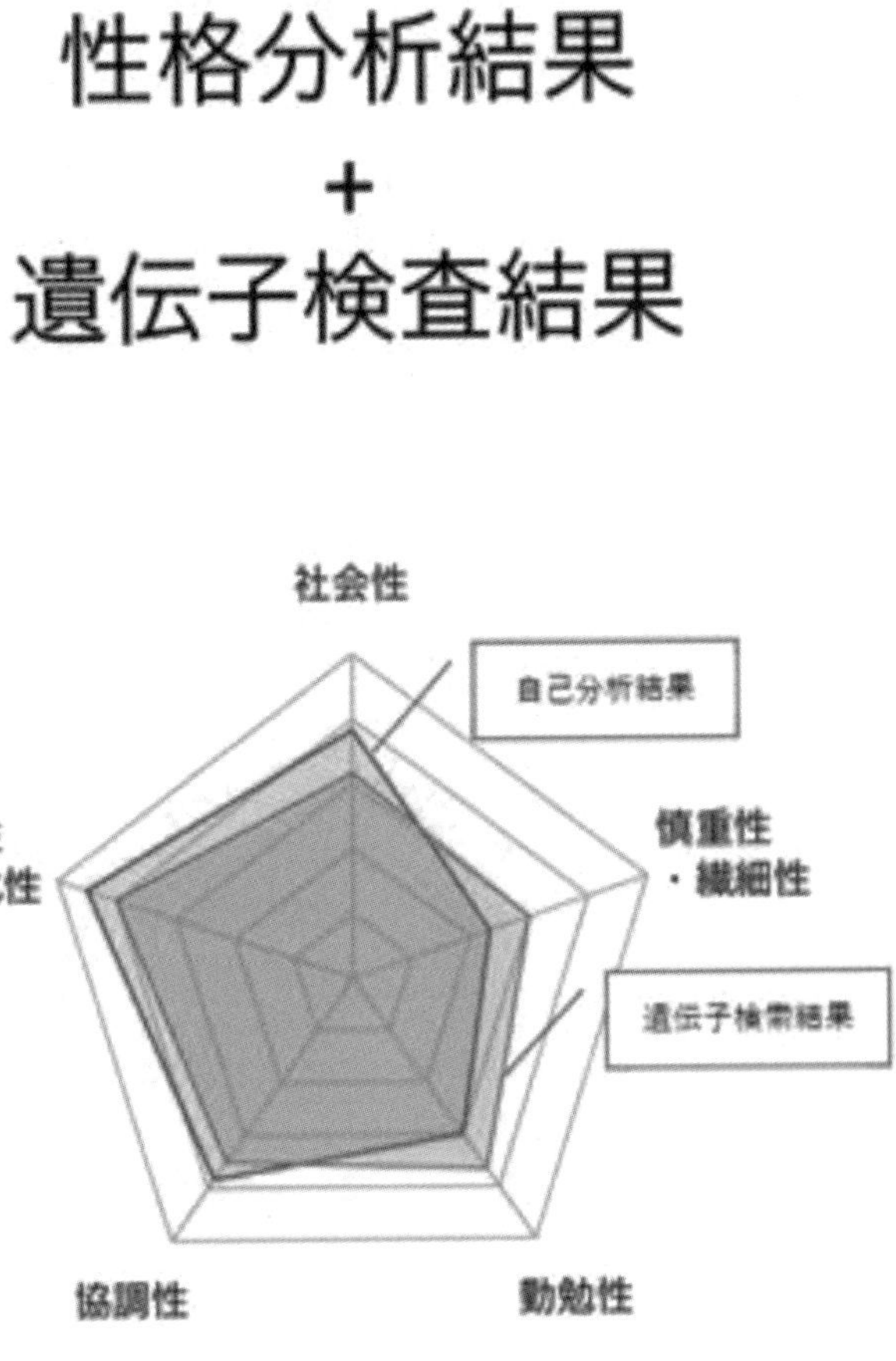

ひょうたん型の周波数の型が表すもの

私の、分析結果の比較からも、プロファイルには、遺伝的要素があり、後天的な要素がそれに影響を与えていそうなことがわかります。

図表11は、上下が大きく、真ん中がくびれている、ひょうたん型のチャートになっており、比較的多く見受けられます。ダイナモとテンポが同じ28％です。

プロファイルテストの仕様上、どこかのプロファイルに決定する必要があるので、この受験者はクリエイタープロファイルと診断されました。

憧れによりテスト結果が変わる

遺伝的にテンポ周波数が強い人が、ダイナモ周波数が強い創業者である父親の影響を受けることや、逆にダイナモ周波数が強い人が、テンポ周波数が強い親のしつけや、職場の影響を受けることで、プロファイルテストを受験したときに「ひょうたん型」の結果になることがあります。

この結果が出た受験者の話を聞いてみると、以前勤めていた税理士事務所の所長税理士に憧れていることがわかりました。所長は、おそらくクリエイタープロファイルで、早くに亡くなりました。私も彼のことをよく知っていましたが、税理士業界の広告規制が厳しかった時代に、斬新なダイレクトレスポンスマーケティングを展開し、事務所を急速に成長させた早逝の天才でした。

彼がいなければ、税理士業界の広告規制の緩和は大きく遅れていたでしょう。受験者は彼に強い憧れと尊敬の念を持っていました。「彼のようでありたい」という憧れが、思考や行動に影響しテスト結果に反映されたのではないかと推測しています。

〔図表11　ひょうたん型のプロファイル〕

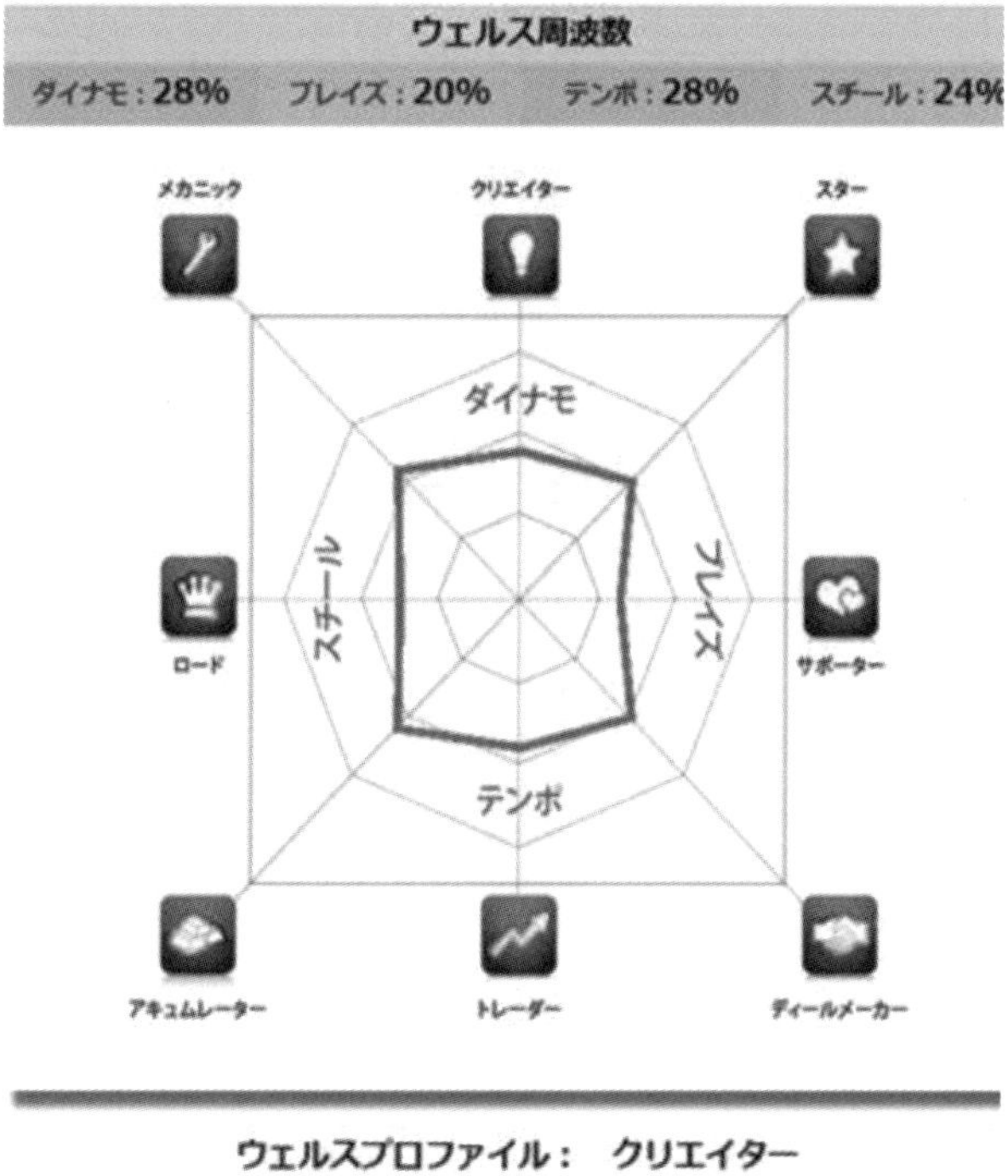

読者のみなさんも、プロファイルテストの結果で、本当の自分の特性がわからないと感じた場合には、ウェルスダイナミクスの有資格者のセッションを受けることをおすすめします。プロファイルテストの受験とあわせてセッションを申し込むことができます。

セッションを通じて、より自分のことを深く理解することができるでしょう。

環境でテスト結果も変わっていく

周りの環境や、仕事や家庭での役割、目標到達のために、遺伝的性質以外の自分を演じることで、テスト結果が変わることもあります。私は、一時期、ソフトウェアの改善、ビジネスの仕組みづくりに強く関わったことで、スチール周波数が強く出てメカニックに近づいたことがあります。最近、プロファイルテストを受験したところ元の周波数の割合に戻っていました。

『ハーバードの心理学講義』には、長期間に渡り本来の自分と違うキャラクターを装うと心に負荷がかかることがあると書かれています。そういう意味では、定期的にプロファイルテストを受験して変化を観測することも重要です。

コラム／「これぞクリエイター」映画のキャラクターでプロファイルを理解する

先ほど述べたように、「いまを生きる」という映画の主人公のスタープロファイルについて学んだ後、映画を再度視聴することでスタープロファイルの理解を深めました。

今回、ウェルスダイナミクスの資格を持つ方に、自分自身と同じプロファイルを持つと思われる人物について尋ね、様々なキャラクターを紹介してもらいました。そのプロファイルの特徴がよく出ていると納得できるキャラクターもいましたが、そのキャラクターに共感できるかというと違いました。どうやら、私と異なるプロファイルのキャラクターに共感するのは難しいようです。

ここで、私のプロファイルを体現する、「これぞクリエイター」と言える特徴を持つ映画の登場人物を紹介したいと思います。それは、１９８８年フランシス・コッポラが監督した映画「タッカー」の主人公プレストン・タッカーです。彼は実在の人物で、映画の冒頭で「空想家、発明家、夢追い人、時代を先取りする男」と紹介されます。

第二次世界大戦後、プレストン・タッカーは革新的な自動車「タッカー・トーピード」を開発しました。しかし、これに脅威を感じた自動車業界のビッグスリー（フォード・ＧＭ・クライスラー）や保守的な政治家による罠にはめられ、裁判にかけられてしまいます。裁判には勝利しますが、工場は閉鎖され、「タッカー・トーピード」はわずか50台しか製造されませんでした。

私が「これぞクリエイター」と感じたのは、裁判中にプレストン・タッカーがメモに何かを落書きしているシーンでした。そのメモには、新型冷蔵庫の設計図が描かれていました。彼の頭の中は、裁判の勝ち負けや自動車のことよりも新しい冷蔵庫のアイデアでいっぱいだったのです。ちなみに、フランシス・コッポラの父親は「タッカー・トーピード」を注文していたのですが、結局届かなかったそうです。

〔図表12　各プロファイルの強みと弱み〕

プロファイル	強み	弱み
クリエイター	創造力豊か、楽観的、始めるのが得意、行動が早い	完了させるのが苦手、ルーティンワークを好まない
スター	外交的、決断が速い、注目を集める、エネルギーに溢れる	威圧的になることがある、手放すことが苦手、近道を好む
サポーター	チームビルディング力、人間関係構築力、素晴らしい応援団長	おしゃべり好き、人に影響されやすい、事務管理部門に弱い
ディールメーカー	社交的、親近感がある、茶目っ気がある、営業活動が得意	人を過剰に喜ばせる、八方美人になりやすい、ポリシーが無い
トレーダー	安定している、周囲に対する観察眼が鋭い、そつなくこなす	人の気持にこだわり過ぎる、変化を嫌う、ルーティンを好む
アキュムレーター	責任感がある、時間通りに遂行する、継続力、信頼される	細かいことに気をとられる、なかなかスタートを切れない
ロード	物事を統制管理する、整理整頓されている、細部へのこだわり	人間関係よりも仕事に比重を置く、社交の場を苦手とする
メカニック	完璧主義、体系化が得意、改善し続ける、細部まで気を配る	打ち解けず人と距離を置く、理論的で融通がきかない

第3章　プロファイルごとの才能を活かした経営スタイル

税理士に多いプロファイルは

本書を執筆するに当たって、約40名の税理士と20名の弁護士・中小企業診断士・社会保険労務士・起業家の方にプロファイルテストを受験していただきました。その結果を踏まえて、プロファイルごとの特徴をまとめてみます。

ウェルスダイナミクスの公式資料では、税理士に強みを発揮しやすいプロファイルと発揮しにくいプロファイルを図表13のように分類しています。

税理士の仕事に強みを発揮しやすいプロファイル

税理士の仕事に力を発揮しやすいプロファイルは、トレーダー、アキュムレーター、ロードです。つまりテンポとスチールの周波数が強い人です。逆にダイナモ、ブレイズの周波数が強い人は税理士に力を発揮しにくいと説明されています。

データを入力したり、分析したり、役所に提出する書類を作成するといった士業の実務的な作業については確かにこの分析が正しいでしょう。しかし、士業は、中小企業経営者としての一面も持ち合わせています。その経営者層の40名の税理士にプロファイルテストを受験してもらった結果をグラフにしたものが図表14です。

税理士に強みを発揮しやすいとされる、ロードが最も多い9名、アキュムレーターも7名と、ウェルスダイナミクスの公式資料の分析が正しいことを示しています。トレーダーは3名と少ないことから独立開業する人が少ない傾向にあることがうかがえます。

独立開業に向いているプロファイル

一方で、クリエイター8名、スター6名、メカニック5名、と税理士に強みを発揮しにくいとされるダイナモ周波数が多いこともわかりました。このことはダイナモの自ら発電するエネルギーが独立開業に結びついたと考えられます。

プロファイル別、税理士業の好き嫌い

プロファイルテストを受けていただいた税理士の皆さんに税理士業が好きか嫌いかというアンケートをとってみました。その結果、大体半々に好き嫌いが分かれました。

ロードやアキュムレーターに税理士業が好きという回答が多く、クリエイターの人に嫌いという回答が多く見られました。

私は、ゼロイチから何かを創造するような機会がなく誰かが決めたことを繰り返す税理士の仕事に少なからず嫌悪感を覚えます。一方、スターやメカニックは、クリエイター程の拒否反応はないようです。

〔図表 13　税理士に強みを発揮しやすいプロファイルと発揮しにくいプロファイル〕

プロファイル	税理士に強みを発揮しやすい	税理士に強みを発揮しにくい
クリエイター		○
スター		○
サポーター		○
ディールメーカー		○
トレーダー	○	
アキュムレーター	○	
ロード	○	
メカニック		○

〔図表 14　プロファイルテストの結果〕

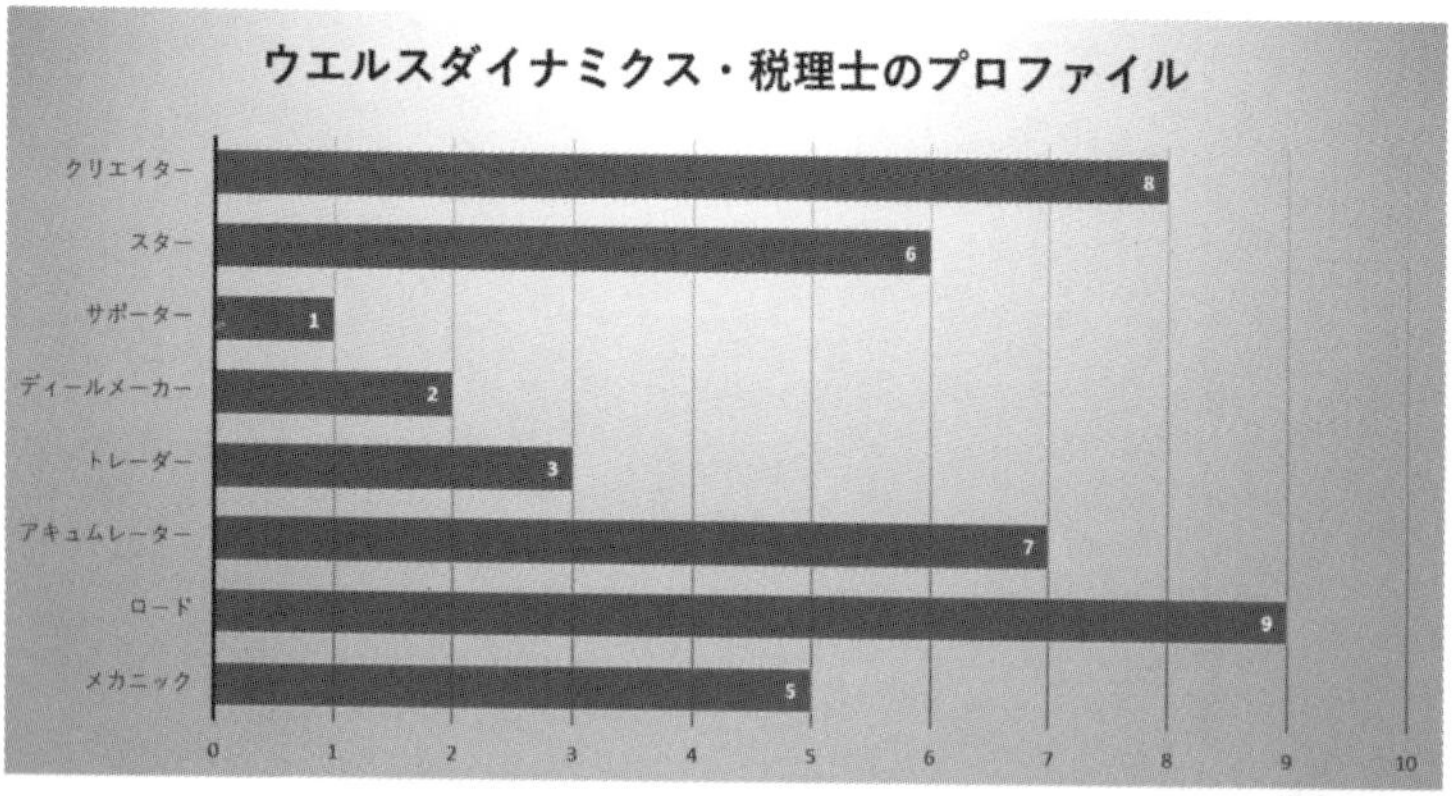

総数41名

プロファイルごとの経営スタイル

　ここからは、各プロファイルの有名な経営者や成功者の例を挙げ、それぞれの経営スタイルを分析しています。プロファイルテストを受験していただいた税理士や他の士業の方の特性や仕事ぶりを思い浮かべながら、プロファイルごとの才能を活かした経営スタイルについて解説していきます。

クリエイター：新しいビジネスの創造に集中する

ＷＨＡＴの質問から事業をスタート

　クリエイタープロファイルを持つ人がフロー状態に入るには、新しいアイデアや商品、ビジネスモデルの創出に集中することが重要です。

　クリエイタープロファイルの代表的な経営者として、アップルのスティーブ・ジョブズ、マイクロソフトのビル・ゲイツ、テスラのイーロン・マスクなどが挙げられます。彼らは革新的なプロダクトや事業を「ＷＨＡＴ」の質問からスタートさせています。

第七感「突然の閃き」で革新的な商品や事業が生まれる

　ダイナモ周波数の特徴は、天からアイデアが降ってくると言われます。クリエイターは特にその現象が顕著に見られます。

革新的な事業の多くは、天からアイデアが降ってくるような「突然のひらめき」から始まるケースが多いです。この「突然の閃き」を第七感という言葉で説明した、『天才の閃きを科学的に起こす　超、思考法』ウィリアム・ダガン著（ダイヤモンド社刊）という本があります。その中で、五感とは「学習と記憶による脳の力」と説明されています。第六感は、「直感」とも呼ばれますが、過去に何度も繰り返してきた経験に基づいて、迅速な意思決定ができること、例えば、熟練の整備士が、エンジンの音を聞いただけで故障箇所がわかったりするようなことを指します。

Ｍａｃとチキンラーメンの誕生

前述の本の中で、第七感（突然のひらめき）の基本的なメカニズムは「既存の要素を新しく組み合わせること」と説明されています。１９８８年に出版された『アイデアのつくり方』ジェームス・Ｗ・ヤング著（阪急コミュニケーション刊）という本に、「アイデアとは既存の要素の新しい組み合わせ以外の何ものでもない」という有名な文章がありますが、これとも符合しています。

脳の中のある要素と要素が組み合ったときに突然のひらめきが起こるのです。

例えば、スティーブ・ジョブズが、ゼロックスの研究所で、初めてマウスで画像を操作するコンピュータを見たときに、「コンピューティングの未来がどんな運命か見えた」と語ったと伝えられています。それがのちのＭａｃの誕生に繋がります。

日本では、日清食品の創業者安藤百福さんが、戦後闇市で見た、ラーメン屋の前に並ぶ長い行列に大きな需要を感じ取り、それが後のチキンラーメンやカップヌードルの発明に繋がっています。

元々、脳にあった情報と、視覚から入ってきた情報が繋がったことで、新しい組み合わせが生まれ、これらの発明が生まれたのでしょう。

クリエイター士業は新規事業に活路

士業はルーティンワークが多く、また法律の枠組みに縛られるため、クリエイターが本業で力を発揮するのは難しいところがあります。そのため、クリエイターの士業の多くは、本業以外の新規事業に挑戦しています。

私はソフトウエア開発、友人や知人のクリエイターの士業も、セミナー事業、会員制ビジネスや動画投稿などに活路を見出している例が多くあります。著述することが得意で本を出版しているクリエイターの税理士も多くいます。私もそうですが、書きながら新しいアイデアが降りてくるので、あまり苦労することなく長文を書くことができます。

スター：自分の存在価値を経営に活用する

素晴らしいアイデアやプロジェクトを持っているときに流れに乗れる

スターは、自分自身が注目されながら素晴らしいアイデアやプロジェクトを持っているときにフローに乗ることができます。また自分だけでなく他の人や商品を輝かせることができれば、自然と成功への流れに乗ることができます。その名前の通り芸能人などで活躍するスターが多くいます。

クリエイターのように新製品やサービスを生み出すわけではなく、自分のブランドによって商品やサービスの価値を高めます。

オプラ・ウィンフリー　アメリカで最も裕福なセレブリティ

経済的な成功者としては、アメリカのオプラ・ウィンフリーがスターの典型として挙げられることが多いです。「オプラ・ウィンフリー・ショー」は、アメリカのトーク番組史上最高の番組であると評価され、多数の賞を受賞しています。

彼女はフォーブスの「アメリカで最も裕福なセレブリティ」にて3位に入り、20世紀以降のアメリカで最も裕福なアフリカ系アメリカ人とも言われています。

アパホテル社長　元谷芙美子さん　「私が社長です」

「私が社長です。」のキャッチコピーで有名なアパホテル社長の元谷芙美子さん。人目を引く衣装と帽子で自ら広告塔となり、ホテルの認知度アップに貢献する姿勢は、スタープロファイルだと考えられます。

アパホテルは、元谷芙美子さんの社長就任後、大躍進を続け、地方の一ホテルから全国規模へのホテルチェーンへと成長。さらに、現在では海外を含め、５００棟以上のホテルを展開する一大ホテルチェーンにまで成長させた優秀な経営者です。

他業界のテクノロジーを税理士業界に普及

プロファイルテストを受験してもらった、スタープロファイルの税理士は、ＲＰＡやＡＩＯＣＲといった他業界から入ってきたテクノロジーを税理士用にカスタマイズし、彼自身もセミナーに積極的に登壇して普及させています。

新製品やサービスを生み出すわけではなく、自分のブランドによって商品やサービスの価値を高める好例だと思います。

自分の存在感を活かしてＹｏｕＴｕｂｅｒで成功

ＹｏｕＴｕｂｅｒとして30万人以上のチャンネル登録者がいる税理士にプロファイルテストを受けてもらいました。予想通り彼のプロファイルは、スターでした。

彼は、自分のブランドによって税理士事務所のサービスの価値を高めています。

経理やデータ管理は苦手

スターは、経理やデータ管理など裏で黙々と行うような作業は苦手なので、自分自身は人前に出て士業事務所の価値を高めることに集中し、本業においては実務の得意なビジネスパートナーを置くことが重要です。

サポーター：クライアントを熱くサポートする

WHOの質問を考える

サポーターは、周りから感謝され、また感謝し、そして周りの人々を尊重することでフローに乗れます。「WHAT」の質問で「何を始めようか?」と考えるよりも、「WHO」の質問で「誰をサポートするべきか?」と考えることが重要です。

わかりやすいサポーターの松岡修造氏

わかりやすいサポーターとして、松岡修造氏を挙げることができます。小学生時代の錦織圭選手にテニスを教えていた頃の「この子を、どんなことをしてでも助けてやりたい」と熱く語る動画を見ると、これぞサポーターと感じることができます。

情熱的な経営者のスティーブ・バルマー

サポータープロファイルを持つ経営者としてしばしば引き合いに出されるのは、元マイクロソフトCEOのスティーブ・バルマーです。創業者ではなく、現在は経営から退いているにも関わらず、彼の資産はフェイスブックの創業者マーク・ザッカーバーグを上回るとも言われています。技術者肌のビル・ゲイツとは対照的に、バルマーは情熱的な経営スタイルでマイクロソフトを世界的な大企業に育て上げました。

彼のブレイズ力が全開の、汗だくになりながら行う情熱的なプレゼンテーションは、ＹｏｕＴｕｂｅで視聴することができます。

コーチングやコンサルティングが得意

サポータープロファイルを持つ人は、人との関わりやサポートに長けており、会話を通じて相手のモチベーションを上げるスタイルのコーチングやコンサルティングを得意とします。

サポーターの税理士の友人がいますが、彼は外向的な性質を活かし、ビジネス交流会や勉強会に積極的に参加し、情報収集を行い、その情報をクライアントに還元することで感謝されるという好循環を築いています。

士業、自らがフランチャイズオーナーに

またサポーター特性を持つ弁護士の方が士業の交流グループを主催している例もあります。

この弁護士は、飲食店のフランチャイズオーナーとしての経験も積んでおり、その理由はフラン

チャイズオーナーを支援するために、自身が実践を通して学ぶことを重視しているからです。

「人を応援するために」という、この動機は、まさにサポータープロファイルの特徴です。

組織構築の課題

サポーターは、チームをまとめてモチベーションを高めることにも長けており、大きな組織を構築することができる人もいます。しかし、クライアントと直接関わることを好むため、現場から離れずに小規模なまま経営を続けるサポーターもいます。

ディールメーカー：「人たらし」で、人間関係を構築

「人たらし」の代表　田中角栄元首相

「人たらし」は、ディールメーカーを象徴する言葉です。元総理大臣である田中角栄氏は、その典型としてよく知られています。「コンピュータ付きブルドーザー」と称され、その明晰な頭脳だけでなく、人心を掌握する術も天才的でした。田中角栄氏には金権政治のイメージが付きまといますが、彼が高圧的な態度で金銭を用いて人々を従わせたわけではありません。

資金援助を求めて訪れた議員に対して札束を渡す際には、秘書に「謙虚な気持ちで渡せ。人は金に頼ることを何よりも苦痛に思う」と伝えたといいます。このような配慮が受け手の議員を感謝さ

せ、彼の支持者に変えていったのです。

ｉｐｈｏｎｅの販売権を獲得した孫正義氏

経営者の中では、孫正義氏も「人たらし」として知られています。日本で初めてｉｐｈｏｎｅの販売権を獲得したのは、最後発の携帯電話キャリアであるソフトバンクでした。これは、スティーブ・ジョブズとの長年にわたる直接の友情によるものです。

このような一対一での関係構築は、ディールメーカーの真骨頂です。

開業税理士のディールメーカーは少数派

開業している税理士に受験してもらったプロファイルテストの結果では、ディールメーカーは少数でした。人間関係から離れた詳細な数字や文字を扱う仕事はストレスを感じやすいようです。

体感的で慎重に考えて行動するためか、一から独立開業という人は少なく、2代目や3代目の税理士が多い印象です。1対1の人間関係を作る営業がとても得意なので、実務はスタッフに任せて、新規顧客を開拓することに注力するという税理士もいます。

税理士会などの会務が得意

税理士は独立開業すると、数字ばかりを扱うわけではなく、人とも多く関わる機会があります。

ディールメーカーの税理士で、税理士会の会務をしっかりと務め支部長までになった人もいます。持ち前の人間関係に関する高い適応力を活かせるのでしょう。

税務調査の交渉に力を発揮

ディールメーカーがフローに乗れる最も代表的な仕事は交渉です。相手のニーズに合わせながらタイミングよくこちら側の希望を提示することができるため、成果をだしやすいのです。

税理士業においては、税務調査の対応業務が当てはまります。ディールメーカーの税理士にインタビューしたところ、税務調査の場面での、ネゴシエーターとして落とし所の交渉が大好きということでした。

ディールメーカーは、人に近い仕事を好むのでデスクワークの多い士業の実務には不向きであると考えられ少数派ですが、実務をサポートしてくれるスタッフがいれば持ち前の営業力や交渉力を活かし同業者との付き合いも苦にならず、案外上手く経営していけるのではないかと感じました。

トレーダー：堅実にいい組織をつくる・法令遵守

現場で力を発揮する

トレーダーは、持ち前の洞察力を活かしながら、相手や周囲の状況変化に対応する中でフローに乗ることができます。実行力に大変優れており、計画が立てられたプロジェクトを現実化し、時間管理や現場での具体的な作業を行うことで力を発揮できます。

ジャパネットたかた創業者の高田明氏

ジャパネットたかたの創業者である高田明氏がトレーダープロファイルの経営者と考えられます。創業までの経緯についてベンチャー通信のインタビューで、高田氏は次のように述べています。

「創業に行き着くまでのパターンには2通りあると思います。1つはテクノロジーなどを軸に、これまでにない商品、これまでにないサービスをつくり出すパターン。これはシリコンバレーのITベンチャーなどに多く見られます。2つ目は与えられた課題を1つひとつ解決することから始め、コツコツと成長し続けるものです。これまでにあるビジネスモデルをベースに創業するパターンになりますが、私の場合はまさにこのパターンです」

大きな未来のビジョンを設定して逆算するのではなく、現場の動きを五感で感じ取りながら、カメラ販売からビデオカメラ、ラジオショッピングからテレビショッピングへと事業内容を時流に適応させて成長させた高田氏の経営判断は、トレーダーの特徴をよく表しています。

トレーダーは士業に向いている

現場の動きを重視するという特性からトレーダーは士業にとても向いています。組織で働くことを好むため、士業事務所の中で幹部として勤務する傾向があります。公認会計士は登録すれば税理士として事務所を開業することができますが、開業後も、監査法人で公認会計士として、会計監査の仕事をする人も多いと聞きます。

独立した場合には、安心安全と信頼がベースの、よい組織づくりに励みます。状況やメンバーに合わせられる対応力を経営に活用し、安心感でスタッフと顧客を集めることができます。顧客の声を聞きながら業務を行うことが得意なため、顧客満足度が高く地に足のついた堅実な経営で着実に成長させていきます。

また、ルールに従って業務を行うことが得意なので、コンプライアンスに厳しい大企業の会計税務や、国際税務のように各国の法律を理解し、法令を遵守するような業務にも長けています。

アキュムレーター：長期的視野と継続力

イチロー選手

アキュムレータープロファイルを象徴する人としてよく例に出されるのは、元メジャーリーガーのイチロー選手です。「小さいことを重ねることが、とんでもないところに行く、ただ1つの道なんだなと感じています。」というイチロー選手の言葉があります。

「アキュムレート」(Accumulate) とは「積み重ねる」という意味であり、このプロファイルを非常にうまく表しています。

世界屈指の投資家　ウォーレン・バフェット

アキュムレーターの経営者として代表的なのはウォーレン・バフェット氏です。彼は世界屈指の投資家として、またバークシャー・ハサウェイのCEOとして広く知られています。独自の投資哲学と賢明な資産運用により、莫大な富を築き上げました。

「株式投資の極意は、よい銘柄を見つけ、よいタイミングで購入し、それがよい会社である限り持ち続けることです」という言葉には、ウォーレン・バフェット氏の投資哲学の本質が込められています。

イチロー選手、ウォーレン・バフェット氏に共通するのは、長期的視野と継続力が成功につながっているというところです。

士業に向くプロファイル

アキュムレーターは業務管理や数字を扱う財務管理などのように持ち前の慎重さが必要な場面に身を置くことでフローに乗ることができます。そういう意味で最も税理士などの士業に向いているプロファイルといえます。アンケートの結果でも、ロードに次いで開業税理士に多かったのがアキュムレーターでした。

内向的なスチールと、体感的なテンポの周波数を併せ持つので、派手さはありませんが、計画性があり責任感が強く継続力と信頼性を備え、細かいタスクの実行と計画の遂行に長けており、クライアント企業にとって非常に心強い存在です。

充分に準備してから独立する

トレーダーと同様にテンポ周波数を持ち、ゼロから始めることは得意ではなくリスクをとりにくい傾向があるのに、独立する人が多いのは、充分に準備して予めリスクを予測できる状況に身を置いているからでしょう。開業前に複数の事務所に勤務する人が多く、他の士業資格や大学院の学位を取得する人もいます。

独立してからも、大規模な事務所に成長させるよりも、目の前のお客様に確実によいサービスを提供するという姿勢が強く見られます。

ロード：事業や資産の中にキャッシュフローを見つけ出す

金持ち父さんの、ロバート・キヨサキ氏

ロードプロファイルに該当する経営者として、ロバート・キヨサキ氏を挙げることができます。彼の著書『金持ち父さん貧乏父さん』（筑摩書房刊）は日本を含む世界中でベストセラーとなりました。

キヨサキ氏は「株式や債券は自分自身でコントロールすることが不可能だから、個人的には好みではない。なので、私はアップルの製品が大好きだが、同社の株式に投資しようとは思わない。そもそも、企業のＣＥＯ（最高経営責任者）のことを私は信頼していない」とインタビューで述べています。

事業や資産の中にあるキャッシュフローを見つけ出すのが得意

スチール周波数を強く持つロードプロファイルの特徴は、人よりもデータを重視し、白黒をはっきり付け、細部にわたる分析、整理、分類に長けている点にあります。この分析力を活かして、事業や資産の中にあるキャッシュフローを見つけ出すのが得意領域です。

ロバート・キヨサキ氏は、市況や市場、経営者の評判に左右される不確実なキャピタルゲイン（資産の値上がり益）よりも、分析に基づいて予測可能なインカムゲイン（資産から得られる収益）を重視する傾向があるようです。

開業税理士に最も多いプロファイル

ロードは今回調べた中で、開業税理士に最も多いプロファイルでした。人よりもプロセスやルールに価値を置くという特徴が示すように、クールで知的な方が多いように感じます。税理士事務所の運営にそれぞれの知性を活かした多様性があります。

顧問先の紹介を断る

人よりもプロセスを重視する例として、既存の顧問先などからの紹介を一切受け付けずインターネットからの集客一本に絞っている税理士がいます。紹介だと、どうしてもしがらみができてしまいます。トラブルメーカーでも紹介者の顔を立てて解約することができないという問題が生じます。

税理士業の新規顧客獲得ルートで最も多いのが既存顧問先からの紹介なのですが、これを断ち切ってしまえるのが人間関係のしがらみから逃れたいロードたる所以だと感じました。

逆に紹介が生まれる仕組みをつくる

別のロードの税理士は、これとは逆に紹介だけでどんどん顧問先を増やしています。単にお願い営業をするのではなく、税理士と共通の優良顧客層を持つ企業（保険代理店、不動産業など）とウインウインになる関係性をロードである税理士がつくり、その仕組みに従って社員が新規開拓しています。紹介システムの中にキャッシュフローを見出しているのだと考えることができます。

これらは大型事務所の例ですが、ロードにはマニアックな人も多く、専門性を高めて、国際税務などの難易度の高い業務や、業務システム開発を1人や少人数で行っている税理士もいます。

メカニック：設計図が頭に浮かぶ

多くの有名経営者がメカニック

メカニックは、ダイナモとスチールの周波数を強く持っています。湧いてきたアイデアを分析し単純化、体系化し複製可能な仕組みを創ることができます。

メカニックプロファイルの有名経営者として、アマゾンドットコムのジェフ・ベゾス、メタ（旧フェイスブック）のマーク・ザッカーバーグ、日本ではファーストリテイリングの柳井正さんが挙げられます。

メカニックのビジョンは数値化されている

柳井正さんの、インタビュー記事を読むと、「今だったら大体3兆円ぐらいの売上なんですが、10兆円のときはどういう会社にならないといけないのか？」というような大きなビジョンを語られています。

同じダイナモのクリエイターとの違いは、クリエイターが頭に思い浮かべるのは、顧客が、新商品に驚いたり喜ぶ姿という漠然としたビジョンであるのに対し、メカニックは、そのビジョンが数値化されているところではないかと思います。

メカニックの人から、「頭の中に、設計図が浮かぶ」という話を聞きます。メカニックの人は、ものごとの完成形をイメージすることができるのでしょう。

欠けている部分に気づける

メカニックは、ダイナモ周波数を強く持ち創造性が高いため、税理士業そのものは好きではないケースが多いですが、スチール周波数の特性から、頭に設計図が思い浮かび、税理士業に欠けている部分に気づくことができます。

この例として税理士業務を分析し再構築し、独自のビジネスモデルを創造し成功している人がいます。また、正義感が強く志が高い人が多いとも言われており、業界をよくしたいという志を持ち、新規事業を興す人もいます。

ものごとを単純化し複製可能なビジネスをつくり出し、事業をフランチャイズ的に仕組化し増殖させていくことも得意です。

コラム／補助金で革新的な新規事業は生まれない？

コロナ禍において中小企業の事業再構築を支援するために、数千億円規模の補助金制度ができました。既存事業とは別の新規事業を考えてくださいというものです。うまく行けば、かかった費用の３分の２が補助されます。

「突然の閃き」起こそうと思っても簡単には起こせない

しかし、革新的な新規事業を生み出すための第七感「突然の閃き」は、起こそうと思ってそう簡単に起こるものではありません。食事中に、突然アイデアが浮かびペーパーナプキンにメモ書きしたことが新規事業につながったというエピソードをよく聞きます。

同僚との食事中に、ＩＢＭのＰＣの互換機のアイデアをペーパーナプキンに書きとめ、それをベンチャーキャピタリストにプレゼンしたことで、コンパック社は１９９０年代に世界最大のＰＣメーカーとして君臨しました。サウスウエスト航空の創業メンバー３人は、パブに集まりペーパーナプキンに３つの地方都市名を書き、それらを線で結んだことで、ＬＣＣのビジネススタイルが生まれました。だからと言って、補助金の公募要領と、ペーパーナプキンの束をポケットに入れてカフェに行ったところで、アイデアが浮かぶものではないのです。

中には、素晴らしい新規事業も生まれたと思いますが、結果的に、コンサルティング会社が主導したシミュレーションゴルフ場や、冷凍食品自動販売機が至るところにできることとなりました。また、これらの補助金が、新規事業が成功することを前提として支給されるところに矛盾を感じます。

新しい事業や商品の多くは失敗します。スティーブ・ジョブズも、最初のマウス付きコンピュー

タＬｉｓａで失敗し、電子手帳Ｎｅｗｔｏｎでも失敗しています。ダイナモ周波数は、失敗しても
ただでは起き上がらないところに強みがあります。それらの失敗が後のＭａｃやｉＰｈｏｎｅの成
功につながっているのです。

第4章　士業のビジネスモデル戦略

起業のスタートは同じなのに結果に差が出るのは

個人はドライバー、企業は自動車

前章までは、個人が最大限に才能を発揮する方法について、ウェルスダイナミクスの周波数とプロファイルを用いて解説しました。この章では、個人の才能を活かすビジネスモデル戦略について考察します。「戦略」という言葉には様々な定義が存在しますが、ここでは「企業を成長させるための方向性」と定義します。

企業はしばしば自動車にたとえられます。個人をドライバーに例えた場合、スピードを出したいのか、山道に強いのか、安全運転が心地よいのかを知ることが重要です。これらの個性を理解し、それに合った自動車を選ぶことが、企業レベルでの成功への鍵となります。

例えば、安全運転を重視する人はフェラーリよりもファミリーカーを選ぶべきです。それによって、望む方向へより確実に進むことができるでしょう。

スタート地点は同じなのに結果に大きな差が出る理由

私が独立して開業した頃、同じく独立した仲間たちの進んだ道は様々です。中には巨大な税理士法人を築いた人もいれば、私のように従業員数を5人程度から縮小し、最終的には実質的に税理士業をやめてしまった人もいます。

スタート地点は同じであり、税理士試験に合格したのも同時期なのに、何故こんなにも違いが出たのでしょうか？

自分はどんなドライバーでどこに向かいたいのか

その差は、初期段階で「自分はどんなドライバーで、どこに向かいたいのか？　どの自動車に乗るべきか？」を決めていたかどうかにあると考えます。私は自分を知らず、何も決めずにどんな仕事でも受け、忙しくなると人を雇う、という繰り返しでした。

私は約30年前にカナダの会計事務所で働き、その後外資系事務所でも勤務しました。当時は英語力とＰＣスキルが高く、いわば特殊技能を持つドライバーでした。本来であれば特殊車両に乗り、未開の道を行くべきでしたが、普通のファミリーカーを選び、社員を乗せて渋滞する一般道を選んでしまいました。慣れない運転に疲れ果て、結果として１人に戻りました。

ＳＮＳでロールモデルと出会う

30年前はインターネットが登場したばかりで、Ｇｏｏｇｌｅもまだ誕生していませんでした。当時は、現在に比べ情報量が圧倒的に少なく、ロールモデルは身近な先輩の中から見つける以外に方法がありませんでした。

私の一世代上の先輩たちはバブル期に大儲けした昭和型の税理士で、私のようにニッチな分野で特殊技能を活かして成功している先輩はほとんどおらず、ロールモデルを持たずに手探りで進むしかありませんでした。

しかし今では、ＳＮＳなどを通じてさまざまな分野のロールモデルと容易に出会い、つながることができますので、積極的に交流を図ることが重要だと思います。

６つのビジネスモデル

他事業にも応用できるビジネスモデル

ここでは、税理士事務所を例に、向かうべき方向と乗るべき自動車である、ビジネスモデルをタイプ分けしています。

個人事業の税理士事務所から全国規模の税理士法人まで、次の６種類のビジネスモデルに分類してみました。

このビジネスモデルは他の事業にも応用できると思います。

① フリーランス型モデル
② ひとり社長型モデル
③ バランス型モデル

④　専門特化型モデル
⑤　工場型モデル
⑥　エンタープライズ型モデル

３階層の事業体　「プラクティス」の数が売上を決める

それぞれのビジネスモデルについて説明する前に、事業体の成長過程に触れたいと思います。

私が翻訳したマイケル・E・ガーバー氏の著書『あなたの中の起業家を呼び起こせ！』（エレファントパブリッシング刊）の中では、企業の成長を「プラクティス」「ビジネス」「エンタープライズ」の３階層で説明しています（図表15）。

「プラクティス」は、英語で、練習などの意味のほか、医業などの「専門職実務」のことを指します。士業の場合は、法律で定められた独占業務を含む顧客対応や公的書類作成業務が該当します（図表16）。

「プラクティス」が集まったものが「ビジネス」です。営業・総務・経理などの人数は、事業規模に比例しませんが、プラクティスの数に正比例して事業規模は大きくなります。「プラクティス」の数が売上を決めます。「ビジネス」が集まったものが「エンタープライズ」です。多拠点で事業を展開するような規模の大きな事業体です。Ｍ＆Ａなどで「ビジネス」の数を増やすことで「エンタープライズ」の売上は指数関数的に増大します。

〔図表15　成長3階層の事業体〕

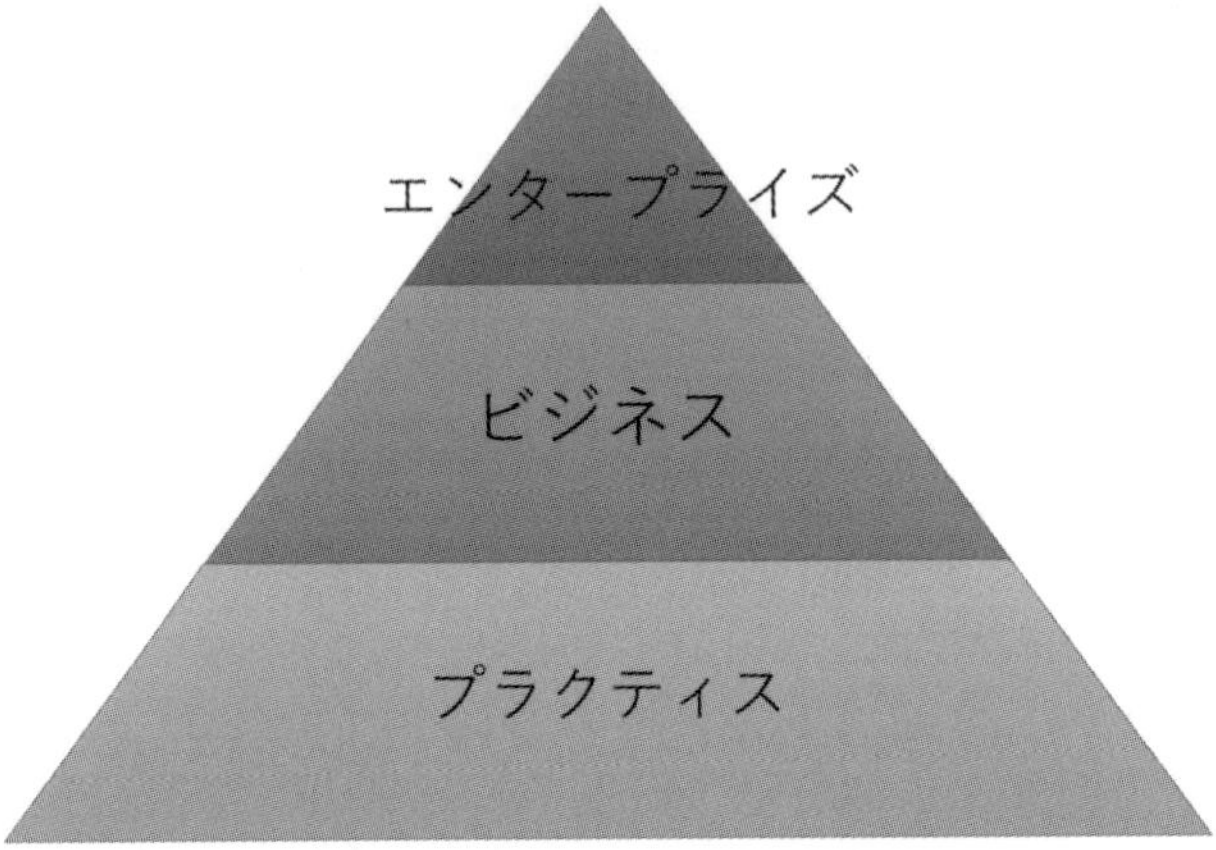

〔図表16　プラクティスの数が売上を決める〕

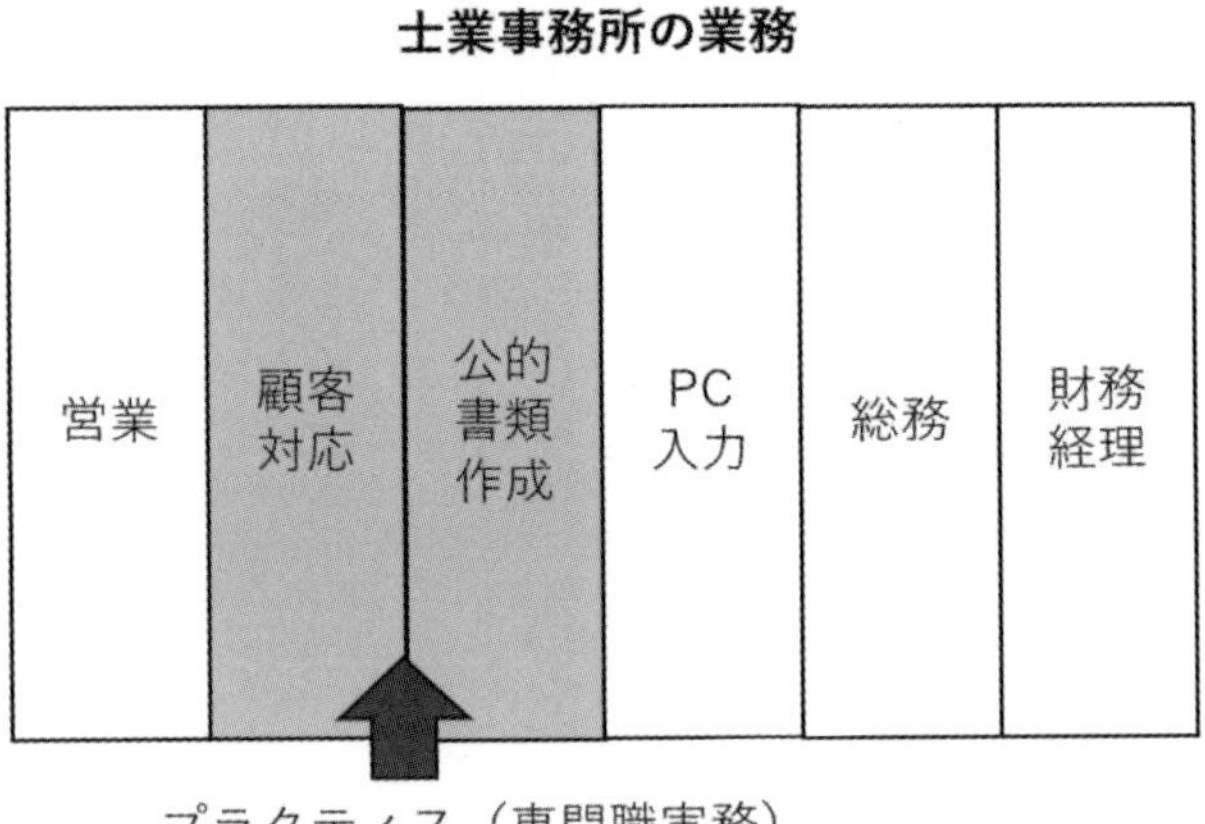

①フリーランス型モデル：自由人

独立開業すると、普通はこの段階から始まります。プラクティス（専門職実務）を1つだけ持つ事業体です。顧客対応や公的書類作成というプラクティス以外に、見込客の創造・営業とクロージング・総務・経理を、自分ひとりかパートタイマーや外注を雇って行います。

・メリット

最大のメリットは、自由であること。すべての決定権を持ち、人目を気にすることなく好きなときに好きな場所で仕事をすることができます。固定費が少なく資金繰りの心配もあまりなく、お金の管理も、事業と個人の区別が本人の裁量に委ねられており、月給制の不自由さがありません。

現在ではインターネットやクラウドサービスの進化、さらにはコロナ禍で、オンラインによる面談が特別なことではなくなり、より自由になってきています。

・デメリット

プラクティスを1つしか持たないので、自分のキャパが事業のキャパとなり、売上に上限があります。そのためある程度の高単価で仕事を受けて顧客数を制限しないと、常に時間とお金に追われることになります。

最大のデメリットは、自分が現場にいられなくなったときのリスクです。もし病気で倒れてしまったら、事業がストップし売上も減っていきます。

年齢を重ねていくと、自分と同じように顧客も年をとっていき、事業の縮小や、廃業により売上や顧客数が減少していきます。60歳を過ぎると、これは深刻な問題となります。

私自身も、58歳のときに心筋梗塞で倒れました。幸い一命を取り留めましたが、フリーランス型モデルのリスクを身をもって体感し、事業を見直すきっかけとなりました。

・最近増えているフリーランス型モデル

最近、税理士事務所を独立開業した方々とお話すると、人を雇わずにやっていきたいという人がとても多い印象です。

その理由は、①雇用情勢の変化、②自由がなくなる、③お金の問題の３つを挙げることができます。

①　雇用情勢の変化
かつてに比べ、売り手市場となり小規模な事務所は優秀な人材を確保することが難しくなりました。

②　自由がなくなる

人を雇用すると、それまでのように、好きな時間に好きなところで仕事をするというような、気ままに働くことが難しくなります。また、今までなかった、労務関係の仕事も増えます。

③　お金の問題

給料の支払いは勿論ですが、社会保険料の負担も増えます。

これらのことを考えると、憂鬱な気持ちになりフリーランスのままでいようという気持ちになるようです。

②ひとり社長型モデル：ひとりで年商1億円

複数ビジネスの組み合わせで年商1億円

先に述べたように、フリーランス型モデルは、１つのプラクティスしか持たず、自分のキャパが事業のキャパとなるため、年間売上２０００万円から３０００万円が上限となります。

ひとり社長型モデルは、雇用はしませんが、士業本業のプラクティス以外に、複数の事業を組み合わせます。合わせ技で「ビジネス」レベルの事業体となり、年間売上が1億円まで増えるイメージです。

ソフトやＷＥＢシステムを提供するサブスクリプション型ビジネス、会員型ビジネス、各種紹介型ビジネス、ビジネスプロデュースなど、労働集約的ではない、いわゆるタイパ（タイムパフォーマンス）のよい事業や、高額セミナーのようなコスパ（コストパフォーマンス）の高いビジネスを構築します。士業の専門知識や経験と信用を活かし、それらを強みとしています。

ひとり社長型モデルはダイナモ周波数に多い

難易度は高いですが、メカニック・クリエイター・スターといったダイナモ周波数のプロファイルの人は、新規事業創出が得意なので、このモデルに移行する人が見受けられます。

メリット

自分の好きな仕事をして、自由でありながら大きな収入も得られるところがメリットです。雇用をしないため人件費がかからないので、キャッシュフローもよくなります。

オンラインによるセミナー開催が普通になったため、セミナー受講者数が激増し、新規ビジネスの構築が容易になりました。

デメリット

デメリットはフリーランス型モデルと同様に、自分がいなくなったときに事業をどう継続するのかと、事業承継の問題が残ります。

同調圧力に鈍感な人が成功する

ひとり社長型モデルができる人の特徴は、「他人と同じことをやらない」同調圧力に鈍感な人です。私もそうですが、ひとり社長型モデルでは、同業者を顧客に新規事業を立ち上げることが多く、身内を食い物にしていると批判を浴びることもあります。

ＡＩ時代はひとり社長が増える？

ゲーム業界では、イラストを描く仕事の失業が増えているそうです。そのような単一の仕事はどんどんＡＩに置き換わっています。税理士業界でも、会計入力や申告業務、税務相談などは近い将来ＡＩに置き換わっていくでしょう。しかし、ＡＩは、まだ単一の業務しかできません。ドラえもんのような何でもできるロボットが登場するまでは、複数のＡＩに精通して横断的に使いこなせる人が勝ち組になるでしょう。人的資本よりも、社長の閃きや能力で勝負する、新しい形のひとり社長が生まれるかもしれません。

③バランス型モデル：小成功者

小成功者としての理想像

今回、約40名の税理士にインタビューしたところ、現状で、一番多かったのがこのバランス型モデルです。将来的にもバランス型モデルがよいという人が多い結果になりました。

フリーランス型から始まり、顧客対応のできるスタッフを雇用して複数の「プラクティス」を持つことで「ビジネス」レベルの事業体に成長することができます。

個人・法人の決算申告、相続税の申告などひととおりの業務を行い、スタッフ数は5名から10名。年商規模は1億円、所長の個人所得3000万円で、重要な顧客以外は社員に任せることで、所長は現場を離れることができます。社会的地位もあり、小成功者は士業の1つの理想像です。

バランス型モデルの失敗例

バランス型モデルでの失敗例は、受けられる仕事は何でも受け、がむしゃらに働いて、忙しくなったら人を雇い、その人件費を稼ぐためにさらに忙しく働くことを繰り返すうちに、規模的には、「ビジネス」レベルになったというパターンです。

まるで離島のドクターのように、ありとあらゆる仕事を引き受けるので、所長自身が現場から離れられず、労働環境もブラックで社員の入れ替わりが激しく採用コストもかかり、資金繰りも厳しいという状況です。これは、かつての私です。体育会系で、頼まれると嫌と言えない性格の人が陥りやすいパターンです。

この悪いパターンに陥らないために何に気をつければよいのでしょうか？

それは、ビジョンとバリューを明確にすることです。簡単に言うと、何をやるのか、何をやらないのかを決め、それをスタッフと共有することです。

何をやらないのかを決めることが大事

とりわけ何をやらないのかを決めることがとても大事です。「融通の効く税理士さん」とか「親切な税理士さん」と呼ばれたら危険信号だと思いましょう。

自己啓発系のセミナーなどで、「頼まれ事は試され事」とか「頼まれたら、はいかYESしか答えはない」という思考が成功につながると耳にすることがあります。しかし、士業、特に税理士業においてこれを実践することは、とても危険です。

税理士法では、税理士の業務は、税務代理・税務書類の作成・税務相談と規定され、独立した公正な立場において、納税義務の適正な実現を図ることを使命とするとされています。

公正な立場でアドバイスをすると納税者に「あなたは、税務署の味方なの？」と言われることがよくありますが、本来税理士は、税務署の敵でも味方でもなく、中立な立場なのです。

しかし実情は、中小企業とその家族の味方になって、個人・法人両方の難しい厄介事一切の相談に乗ることが税理士の仕事だと思われているのではないでしょうか？

スナックのママが倒れたら

以前、インターネットで私の事務所を見つけて、少し癖のある経営者が訪ねてこられました。仮にAさんとしておきます。Aさんが話されるには、理想の税理士を探している最中とのことでした。

Aさんは次のようなストーリーで理想の税理士像を説明されました。

Aさんの知り合いのスナックのママが病気で倒れたときに、スナックの顧問税理士の女性スタッフたちが交代で、ママの不在中お店を切り盛りしたのだそうです。

「これこそが、私の理想の税理士です。近藤先生は同じことができますか?」

「頼まれ事は試され事」と言うとあとで後悔することに

法律上の税理士の役割と、顧問先企業が考える税理士像には大きなギャップが存在します。そのような状況の中で、「頼まれ事は試され事」と見栄を張ってしまうと、後悔することになるでしょう。

特に業績が悪い顧問先を担当する際には注意が必要です。税理士は顧問先の苦しい財政状況を知り、経営者が苦労している姿を目の当たりにしますから、つい同情してしまうことがあります。場合によっては、経営者からの依頼を受けて資金を融通したり、借入金の連帯保証人になることもあります。

税理士の片思い

税理士は経営者のことを親身に考えますが、多くの場合、それは片思いに過ぎません。倒産した会社を多く見てきた経験から、資金繰りに苦しむ人の精神状態は通常ではありません。

彼らは役者になり、何とかして資金を調達しようと善良な人を演じます。自己破産して借入金が免責されると、まるで記憶喪失にでもなったかのように、借りたお金のことはすぐに忘れてしまいます。

倒産前に資金援助をしても、それは死に金に終わることが多いので、本当に助けたいなら再生のための資金を援助するべきだと思います。

やらないことをリストアップしてみる

話をもとに戻すと、バランス型モデルの税理士は、やらないことを決めることが重要ということで、もう少し具体的にしてみましょう。

・やらない客層を決める

年商規模の大きすぎるところ。少なすぎるところ。脱税思考の強いところ。お金のないところ、高圧的な態度をとるところ。資料をなかなか送ってこないところ。オンラインミーティングができず、毎月必ず訪問する必要があるところ。電話やＦＡＸでしか連絡できないところ。

・やらない業種・業態を決める

例えば、建設業、製造業、卸売業など在庫が多く、工数がかかる業種。支店や店舗が多いところなど

・**やらない地域を決める**

自動車や電車で1時間以上かかるところなど。

このように、自分が嫌な経験をしたことや、社員のモチベーションが下がるところ、工数がかかり採算性が低くなるところをリストアップしてみるとよいと思います。

ランチェスターの弱者の戦略

やらないことを決めると、やることや、理想の顧客像が浮かんできます。ウェルスダイナミクスのプロファイルに応じて、自分がフローに乗れる方向性に向かうのもよいと思います。

ランチェスターの弱者の戦略というものがあります。中小企業にとって、とても有用な教えだと思います。広い戦場で戦う場合、離れた場所で大砲を打ち合うと大砲の数の多い強者が圧倒的に有利です。しかし狭い戦場に持ち込むことで活路を見出すことができます。宮本武蔵は、一乗寺下り松の決闘で100人近い吉岡一門と戦ったとき、田んぼの畦道などを使い常に1対1の状況をつくったと言われています。

このことから、経営リソースを狭い範囲に集中することが弱者にとっての得策となり得ます。例えば、歯科医院専門や、不動産オーナー専門など、業種を絞って成功している例も多く見受けられます。このあとで紹介する専門特化型モデルと異なるのは、ここでの業種の絞り込みのポイントは再現性です。顧問先によって処理内容の違いがほとんどなく経験年数が少ないスタッフでも顧客対応が可能で、同じ業種を担当するので、その業種に対する知識も蓄積されていきます。

保険診療が中心の歯科医院や不動産賃貸業は、毎月確実に売上が入金されますので経営が安定しています。そのため処理工数に対する売上が高く、貸し倒れの心配もありません。

また、ライバルの少ない地方都市で、地域を絞り込み、その地域でトップシェアをとる戦略もいいでしょう。

採用の問題

経験者や資格保持者は、ホワイトな職場環境の大規模な税理士法人を希望することが多いようです。しかし採用についても、ビジョンとバリューを明確にして特色を打ち出すことでうまくいっている税理士事務所もあります。スタッフが全員女性で女性しか採用しないという税理士事務所にはものすごい数の応募があるそうです。また、今なら在宅勤務者を積極的に採用することでうまくいっているところも多いです。服装が自由である、勤務地が全国どこでも働ける、勤務時間が柔軟である、上司同僚との人間関係のトラブルが減ることは魅力です。

ミレニアル世代（１９８０年代前半から１９９０年代半ば生）は、管理職の世代に比べ、年収や、昇格よりも有意義な仕事を大事にするようです。

このように、バランス型モデルは、成り行きに任せた漫然とした経営をせず、ビジョンとバリューを明確にすることがとても大切です。

④専門特化型モデル：ブルーオーシャン

高単価　圧倒的な供給不足

バランス型モデルが、再現性を重視した業種特化であるのに対し、専門特化型モデルは、国際税務、資産税、事業承継、組織再編税制、暗号資産など高度な知識やスキルが必要な業務を専門に扱うモデルです。競合が少なくブルーオーシャンで戦え、高収益になります。

ブルーオーシャンにいることの2つの強みは、高単価を提示できることです。需要と供給のバランスで供給が圧倒的に少ないため高価格になります。お金を生み出すユニットである「プラクティス」の数は少ないですが、1つの「プラクティス」が生み出す売上は大きくなります。

広告がいらない

もう1つは広告宣伝費がかからないということです。見込顧客の方からＷＥＢサイトを検索するなどをして探してくれます。また、同業者が自社で対応できない場合、紹介もしてくれます。私も、外国人の案件や、相続税の申告事案は、専門特化した事務所に紹介していました。

採用の面においても、向上心のある優秀な人が、向こうの方から来てくれます。

とはいえ、高度な業務で専門特化するには、かなりの知識と経験とネットワークが必要となります。多くは、勤務時代に、国際税務や資産税を専門にやっていた人たちです。

長い経験が必要

いずれにしても、高度な業務で専門特化するには、長い準備期間が必要です。

国際税務をやるには英語力が必須ですので、海外留学やワーキングホリデーで海外に住んでみるのもいいと思います。

英語の勉強のためにワーキングホリデーでカナダへ

私は、税理士試験受験生時代、当時ビッグ８（現在は、合併によってビッグ４）と呼ばれた、外資系の会計事務所に憧れていました。入社試験を受けましたが、英語力不足で入ることができませんでした。

26歳のときに一念発起して、語学留学とワーキングホリデーで、カナダのバンクーバーに渡り、約２年間滞在しました。運よく現地の会計事務所で働くことができました。そして、そこからのご縁で、ビッグ８の１つの外資系会計事務所の大阪支社に就職することができました。

プロフェッショナルとして稀有な存在になる

税理士は、税法のプロフェッショナルです。その高みを目指すために、若手の税理士さんや、これから税理士になろうとしている人には、是非、高度な専門業務にチャレンジしていただきたいと思います。特に、若い人が海外に行かなくなっている現在、逆張りで留学やワーキングホリデーに行くのもいいでしょう。

グローバル化が進み、物価が安く治安のいい日本に住みたい外国人も増えているので、英語が話せる税理士はもてはやされると思います。ブルーオーシャンで稀有な存在となり、向こうのほうから、あなたのことを見つけてくれるでしょう。

⑤工場型モデル：仕組み化による再現性

昭和の時代、私の記憶にある税理士事務所は、駐輪場にスーパーカブや自転車が並び、職員が顧問先を回って資料を回収し試算表を納品するというスタイルでした。

まだパソコンが世の中に普及する前、税理士事務所では、顧問先企業の振替伝票を、ベテランキーパンチャーがものすごい勢いでオフコンに入力していました。税理士事務所の前を通るとバチバチとキーボードをたたく音が響いていました。

高度成長期の名残のある規格大量生産の時代、税理士事務所はまさに工場でした。

工場型モデルのＫＰＩ

工場のＫＰＩ（重要達成度指標）はＱＣＤ（品質、コスト、納期）ですが、工場型モデルの税理士事務所のＫＰＩも同様と言えるでしょう。この、ＫＰＩを目標にして達成すると、当時は高収益のビジネスとなりました。

その後パソコンが急速に普及し、顧問先で会計入力を行う自計化の波がやってきます。顧問先企業側もこれまでの伝票の手書きから解放されるために歓迎しました。

自計化時代のＫＰＩは、（品質、コスト、納期）から（品質、コスト、付加価値）に変わります。訪問による月次巡回監査によって付加価値を担保しました。

クラウド会計登場により工場型に回帰？

時代が移り、中小企業に経理専属の社員を置く余裕がなくなってきました。そこにクラウド会計が登場します。これによって、会計入力がＡＩ任せになり品質が低下し、訪問もしないため付加価値を担保しにくくなりました。

これにより自計化時代のＫＰＩが機能しなくなってきています。

現在、新たなＫＰＩを模索しているのが、税理士業界の現場です。そこで、見直されているのが工場型モデルです。テクノロジーの進化で会計入力の効率化が劇的に進み、かつてよりもＱＣＤ（品質、コスト、納期）のＫＰＩを達成しやすくなっているからです。

工場型モデルでは、スチール周波数が力を発揮する

工場型モデルでは、物事を単純化し仕組み化するのが得意なメカニックやロードのスチール周波数が強みを発揮します。専門特化型に求められるものが職人芸による特注品なのに対し、工場型では、大量生産が可能な汎用品が求められます。工場型税理士事務所の新規顧客のターゲットは、小規模な事業者か、新規開業の個人・法人であることが多いです。

低単価×多顧客の収益モデルで、顧客に密着した高度なサービスを提供したい人には向きません。ビジネスとしての割り切りが重要です。

税理士事務所の生産性を下げる最たるものが税務調査対応ですが、小規模事業者の場合、税務調査の頻度が低いということもメリットになります。

工場型モデルとインターネット広告

２０１４年に日本政策金融公庫の新創業融資制度が始まったことも追い風になっています。税理士事務所は、「創業融資」を検索キーワードに、インターネット広告を出し、融資のお手伝いと税理士の顧問契約をセットにすることで新規顧問先を獲得しています。

工場型モデルで成功しているところは、インターネット集客を得意としています。ロードなどのスチール周波数の持ち主は、データ分析が大得意で、ＡＢテストを繰り返し、インターネット広告の成約率をあげていきます。

担当者１人当たり１００件の担当

　また、仕組み化による生産性向上に熱心で、担当者１人当たり１００件以上の担当を可能にしているところもあります。理論的には２００件も可能らしく、通常の１人あたりの担当件数が20件から30件であることを考えると驚異的な数字です。

⑥エンタープライズ型モデル：加速的に成長

「ビジネス」を複数所有

　このモデルは、３階層の事業体「プラクティス」「ビジネス」「エンタープライズ」のうち「エンタープライズ」に該当します。お金を生み出すユニットである「プラクティス」を複数所有する「ビジネス」を、さらに複数所有する「エンタープライズ」は、大きな売上を上げることができます。

　私と同年代で、エンタープライズ型モデルを経営する税理士は多くいます。ある時までは「ビジネス」規模の事務所だったのが、あるときから、あれよあれよという間に急成長をしていきました。

Ｍ＆Ａによる急成長

　急成長の原動力はＭ＆Ａにあります。「ビジネス」規模の税理士事務所を地域ごとに買収し、また他士業の事務所を買収し、総合病院化してゆきます。通常、「プラクティス」から「ビジネス」

に成長するには10年はかかりますが、その時間を買うことで成長速度を高めていきます。

後継者のいない税理士や、ネームバリューが欲しい税理士にとっても、M&Aは有力な選択肢となります。私自身も税理士事務所の一部を規模の大きな税理士法人にM&Aで譲渡した経験があります。このM&Aの経験については第9章で詳しく述べたいと思います。

求人にも有利に働く

エンタープライズ型モデルは、求人にも有利に働きます。

かつて、税理士事務所はブラックな業界で2月から3月は不夜城のように夜中でも明かりが灯っていることが普通でした。

最近では、確定申告時期の残業時間が多すぎるとして税理士事務所の代表が書類送検される事件がありました。私たちの世代の感想では、確定申告時期を考えれば、そんなに多い残業時間ではないのにと思いましたが、今は、それでは通用しない時代です。

ブラック化が加速する悪循環を断ち切る

ブラックな労働環境の事務所は退職も多いため、さらに仕事が忙しくなりブラック化が加速する悪循環に陥ります。

エンタープライズ型事務所は、一般の優良企業の基準で経営を行うため、労働環境もよく、優秀な人が入社するために、さらに経営品質が向上してゆきます。一般企業に並んで、働きがいのある会社として表彰を受ける税理士法人もあります。

ここまで来ると、いち税理士ではなく経営者の域に達しています。早い時期に、自分の右腕や左腕となる人物と出会い仕事を任せ、自分は現場を抜け出し、経営者として高い視座に立っています。この領域まで辿り着ける人は、3万件ある税理士事務所の中でも、上位1％に満たないでしょう。

豊富な資金力で新たな投資

私がクラウドシステムなどを開発しているときに直面する問題は、開発資金です。知恵を絞ってコストを抑えてつくっていますが、もっと多くの資金を投入できれば、アイデアをより早く具現化できるのにと、いつも残念に思います。

大手の税理士法人は、自社でSEを雇用してシステムを自社開発したり、億単位の資金をかけてシステム構築を行っています。その開発したシステムを商品化してビジネス展開しているところもあります。

このように、スケールメリットを利用した資金力で大きな投資ができるところがエンタープライズ型モデルの強みです。

〔図表17　税理士事務所の6つのビジネスモデル〕

税理士事務所の6つのビジネスモデル

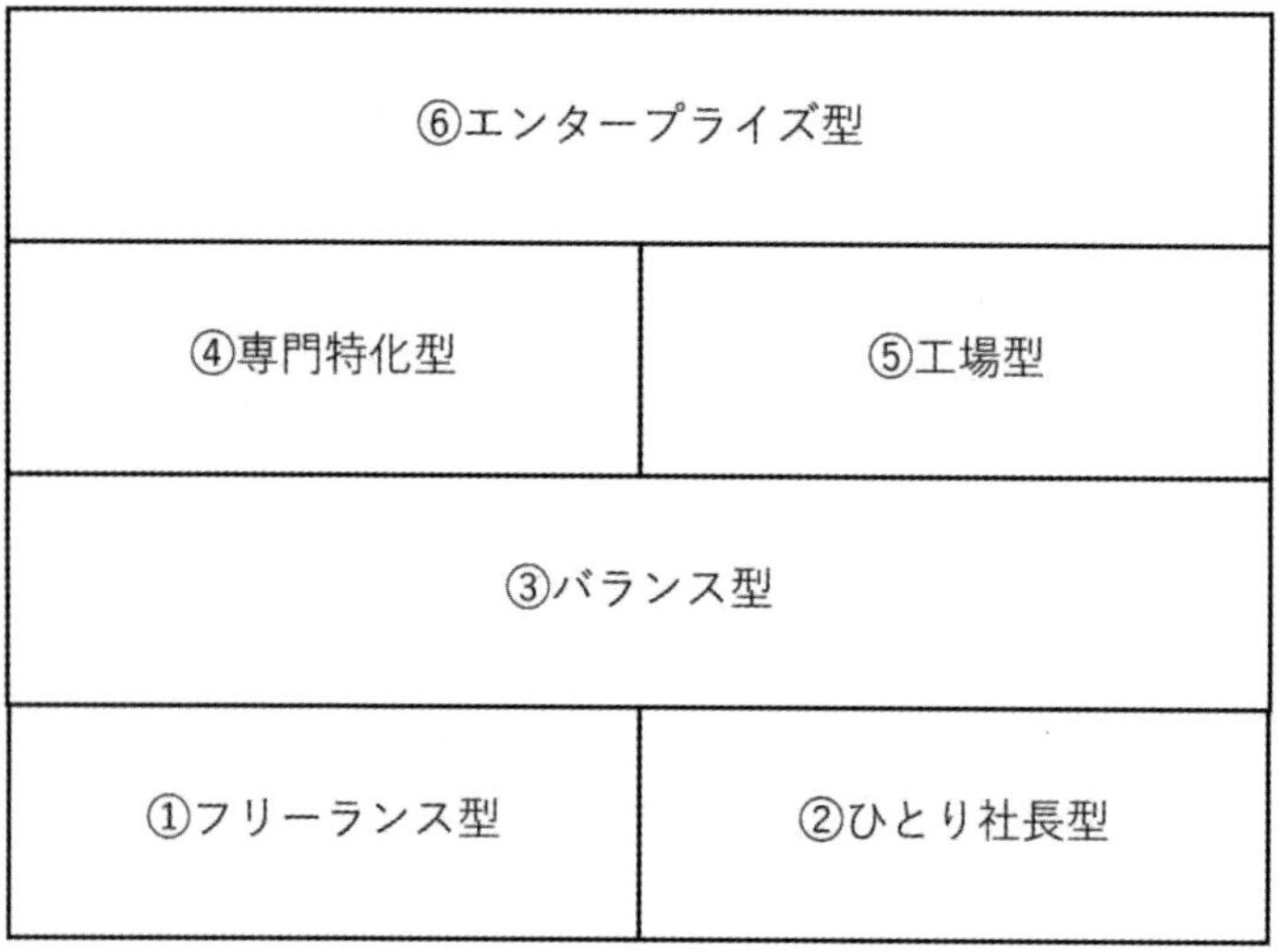

第5章　士業が、真の「起業家」となるために

同じプロファイルでも事業レベルに差がつく理由

視座の高さが差を生む

第4章の最後で、エンタープライズ型経営者の視座ということについて少し触れました。

エンタープライズ型モデルを経営する税理士のプロファイルは様々です。クリエイターの人もいれば、ロードの人もいるでしょう。私のプロファイルはクリエイターですが、税理士としては、最後まで「プラクティス」の事業体を抜け出すことができませんでした。「エンタープライズ」まで上り詰めたクリエイターの税理士と私の違いは何でしょうか?

個人レベルの能力やスキルに大きな違いはありません。

その違いを生んでいるのは視座の高さです。

自分がどこにいるのかを知るウェルススペクトル

ウェルススペクトル

この章では、この視座について、ウェルスダイナミクスの中の、ウェルススペクトルという考え方を用いて説明したいと思います。図表18は、ウェルスダイナミクスのプロファイルとスペクトルの関係を表しています。プロファイルは、「自分は誰か？」を表し、スペクトルは、「自分がどこにいるのか？」を表しています。

プロファイルの四角形の上に、９階建ての灯台が乗っていると想像してみてください。

〔図表18　ウェルススペクトル〕

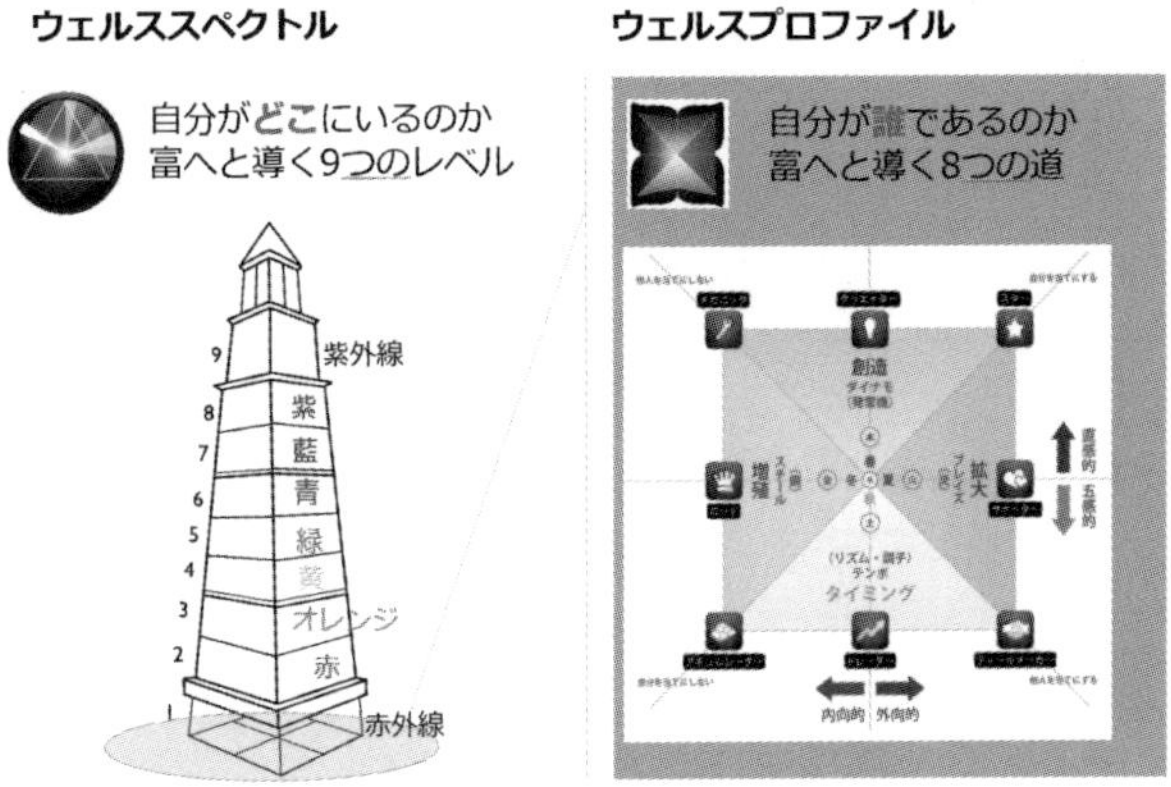

同じプロファイルでも見える世界が違う

同じクリエイターで見てみると

同じクリエイターでも、スペクトル的に私は、組織を持たず1人で経営しているので黄色の位置にいます。自分は現場から離れて10人規模の税理士事務所を経営するAさんは緑、全国に拠点を構えそれぞれが自走している状態のBさんは青の位置にいると考えられます。そして、業界を超えて影響力を持ち、社会のルールをつくるイーロン・マスクは藍色か紫、死んでなお後世に影響を持つスティーブ・ジョブズは、紫外線の位置にいます。

このように、同じプロファイルであっても、スペクトルの高さによって見えている世界や事業の規模が全く異なります。

ウェルススペクトルとビジネスモデル

第4章で説明した6つのビジネスモデルは、ウェルススペクトルと強く関係しています。事業をシンプルにして仕組み化し自分はビジネスの現場から抜け出して事業を増殖することに長けたロードやメカニックのプロファイルが工場型やエンタープライズ型のビジネスモデルを構築しやすいということはあっても、他のプロファイルではできないということはありません。ウェルススペクトルのレベルが、緑や青にステップアップする過程でビジネスモデルも変化していきます。

9つのレベルと3つのプリズム

基礎・企業・錬金の3つのプリズム

図表19のように、ウェルススペクトルは、虹の7色＋赤外線と紫外線の9つのレベルで構成されています。この9つのレベルは、大きく3つのプリズム（基礎・企業・錬金）に分けられています。

企業プリズム

基礎プリズムは、給料をもらって働く労働者のレベル、企業プリズムは、直接市場とつながっている経営者のレベル、錬金プリズムは、世の中のルールを創り出す人々のレベルです。本書では、独立開業している士業や起業家を対象としていますので、企業レベルのプリズムについて解説していきたいと思います。

企業プリズムは、黄色・緑・青の3つに分かれています。

これらのレベルは、それぞれ音楽家に喩えられていて、黄色レベルは、「プレイヤー」と呼ばれています。ソロのミュージシャンを想像してください。1人で、楽器を自由に演奏します。自分自身を通じてフローをつくり出している状態です。

〔図表19　３つのプリズムと９つのレベル〕

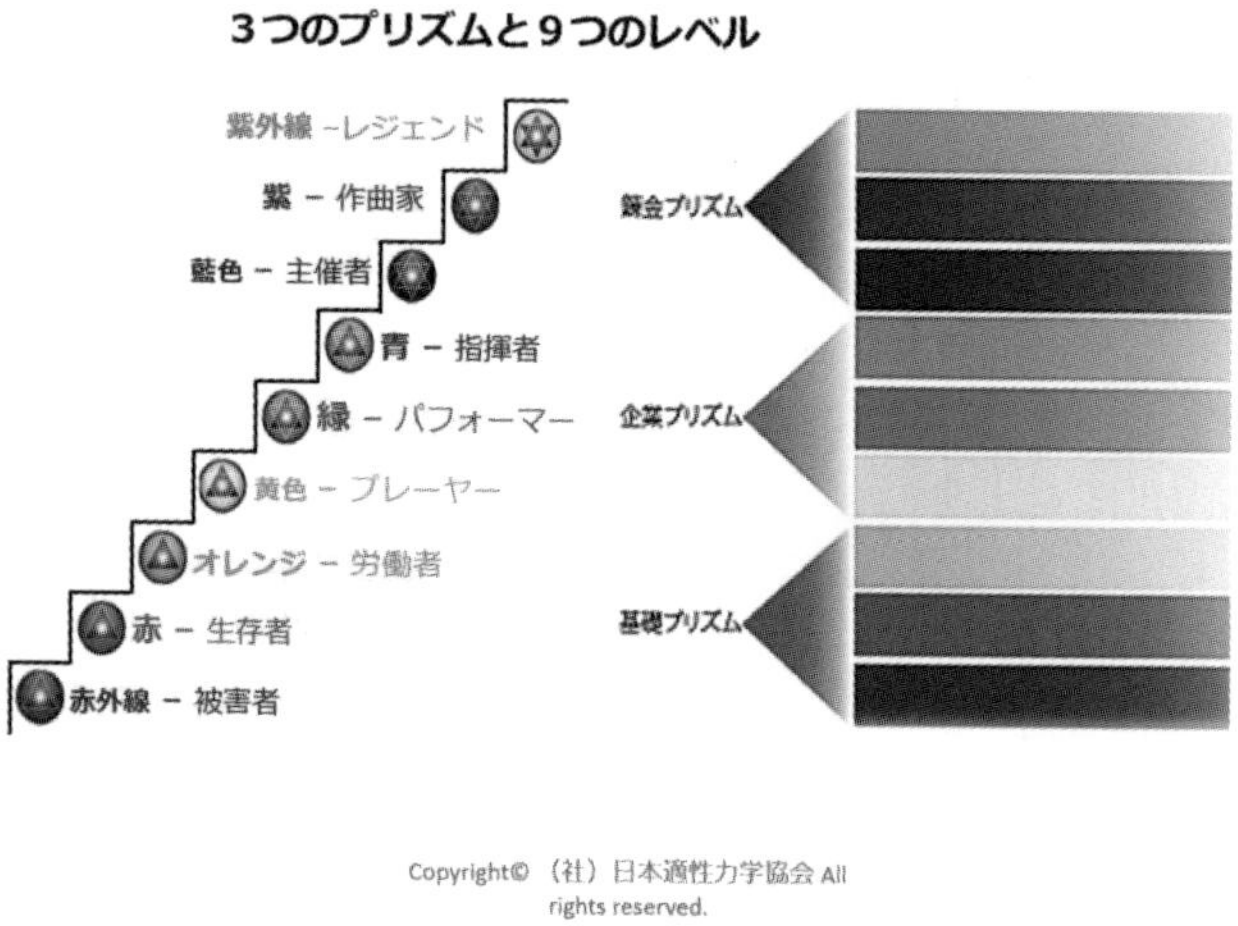

緑レベルは、パフォーマーと呼ばれ、バンドのドラマーに例えられます。自分自身も楽器を演奏

しますが、好き勝手に演奏するのではなく全体を見ながら、チームのリズムをコントロールします。自分のチームをフローへと導いている状態です。

青レベルは、指揮者と呼ばれます。自分は楽器を演奏せず、オーケストラ全体をコントロールします。

複数のチームを持ち、事業のリズムとフローをコントロールしている状態です。

得られる特典と支払う代償

3つの特典と支払う代償

スペクトルの各レベルには、それぞれ得られる特典と支払う代償があります。

黄色レベル：プレイヤー

・得られる特典：自由・柔軟性・気ままさ
・支払う代償：成長が限定的・影響力が限定的・信頼の欠如

緑レベル：パフォーマー

・得られる特典：リーダーシップ・達成・調和
・支払う代償：政治・メンテナンス・自由

青レベル：指揮者

・得られる特典：コントロール・リスク回避・自立性

・支払う代償：批評家やハゲタカの存在・自己喪失

目指すスペクトルは自分で決められる

どこでプレイするかは自分で決められる

ウェルススペクトルは、必ずしも上位のレベルに上がっていかなくてはならないというものではなく、どのレベルを目指すか、どのレベルに居続けるかは自分で決めることができます。

野球選手で例えるなら、会社員でありながら実業団でプレイするか、プロ野球にいって日本で活躍するか、メジャーリーガーとなって世界に価値を示すかを自分で決められるのと同様です。

時間的な自由・お金の自由・組織に縛られない自由さ・時間やお金の使い方を自分で決定できる柔軟性や気ままさに魅力を感じ、黄色レベルに居続ける人もいます。また、青や緑のレベルから再度黄色レベルに下がって新規事業の立ち上げを楽しむ人もいます。

存分に黄色レベルの自由を満喫してから、「自分が自由を得ること」よりも、「もっと大切な何か」を見つけたときに、そのために組織を作って緑や青レベルを目指すことも自然な流れです。

黄色レベル（プレイヤー）から緑レベル（パフォーマー）へ

黄色レベル（プレイヤー）について書かれた名著

黄色レベル（プレイヤー）から緑レベル（パフォーマー）に上がることについて書かれた有名な本があります。

本書に何度も登場している、マイケル・Ｅ・ガーバー氏が書いた『The E-Myth Revisited』という本です。原題を日本語訳にすると、『起業家の神話を再考する』となります。

アメリカの起業家が読むべき本ＮＯ１

『The E-Myth Revisited（起業家の神話を再考する）』は、アメリカでは、起業家が読むべき本として『７つの習慣』や『ビジョナリー・カンパニー』を抑えて№１に選ばれたこともあり、起業家のバイブルと呼ばれています。日本では、『はじめの一歩を踏み出そう』（世界文化社刊）というタイトルで発売されています。

２０１２年頃、マイケル・Ｅ・ガーバー氏が新しいセミナービジネスを開始し、日本版ができた時に講師募集があり私もこれに参加しました。アメリカで直接ガーバー氏から学び、それをきっかけに『あなたの中の起業家を呼び起こせ！』（エレファントパブリッシング社刊）を翻訳出版しました。

マイケル・E・ガーバー氏の言う「起業家の神話」とは

起業家の神話

『The E-myth Revisited（起業家の神話を再考する）』では、「起業家精神を持った起業家たちがスモールビジネスを立ち上げる」という美化されたストーリーが「起業家の神話」であると書かれています。スティーブ・ジョブズ、日本で言えば、松下幸之助さん、本田宗一郎さんなどのサクセスストーリーが「起業家の神話」に当たるでしょう。

それは起業家精神ではなく、単なる起業熱

しかしスモールビジネスの創業者の中に、彼らのような起業家精神が宿るのは、ほんの一瞬の出来事で、ほとんどの創業者は、起業家精神ではなく、単なる起業熱による誤った仮定により創業します。

「その事業における専門的な能力があれば、事業を経営できるはず」というのが誤った仮定です。美容師は美容院を、料理人はレストランを、税理士は税理士事務所を開業します。

その誤った仮定で開業したため、他人のために働く苦痛から開放されたのに、今度は自分が始め

た事業に苦しめられることになります。これまで経験をしたことのないような仕事が次々とわき出して本業に手が回らなくなるのです。

スモールビジネスの創業者は、三重人格者

3つの人格が主導権を握りたがる

多くの創業経営者が味わうこの苦痛は、事業を立ち上げようとする人は三重人格者であることが原因だとガーバー氏は書いています。「起業家」「マネージャー（管理者）」「職人」の３つの人格を持っていて、みんなが主導権を握りたがります。

・「起業家」は、未来志向で、変化を好む理想主義者です。
・「マネージャー」は、管理が得意な現実主義者です。
・「職人」は、手に職を持った個人主義者です。

起業熱に浮かされた「職人」

この３つの人格のバランスがとれれば高い能力を発揮するのですが、典型的なスモールビジネスの創業者は、「起業家」が10％、「マネージャー」が20％、「職人」が70％の割合で「職人」主導で、経営しようとしています。創業経営者の多くは、真の「起業家」ではなく、起業熱に浮かされた「職

人」なのです。

「職人」が主導権を持つと、事業が成長し始め、自分のコントロールできる事業サイズを超え始めたときにトラブルが生じ始めます。

もし、その割合のままいくと次の３つから選択せざるを得なくなります。
① 事業を縮小して手頃なサイズに戻す
② 廃業する
③ そのまま歯を食いしばって頑張る

実話①／起業熱に浮かされた「職人」が辿った道

確定申告の期日に間に合わない

次の話は、私自身の体験談ですが、『The E-myth Revisited（起業家の神話を再考する）』に書いてある通りになりました。

２つの税理士事務所に勤務して、３つ目の転職先が見つからなかったとき、資格があれば何とかなるだろうという気軽さで、32歳のときに税理士事務所を開業しました。そのときの自分の割合は「起業家」が30％、「マネージャー」が10％、「職人」が60％ぐらいだったと思います。

体力に任せて働き、順調に顧問先が増えていきました。しかし、やがて限界を迎え、コントロールできる事業サイズを超えてしまいました。ある年、お客様の確定申告書２件が、３月15日の提出期限に間に合わなかったのです。自分自身の確定申告書も徹夜で作成し、３月16日の早朝に税務署のポストに投函するような有り様でした。

２度目の限界　「起業家」が０％に

これはさすがにまずいと思い、税理士試験勉強中の女性にパートタイマーで働いてもらうことにしました。彼女は猛烈に仕事ができる人で、そのうち彼女に仕事を丸投げするようになりました。一気に時間ができた私は、昼間からスポーツクラブで汗を流していました。そんな私に愛想をつかした彼女は退職してしまい、慌ててハローワークに求人を出しました。

その後、何のビジョンもなく駅前に大きな事務所を構え、人を増やし、人件費を賄うためにまた仕事を増やすということを繰り返した結果、２度目の限界が来ました。

事務所の退去と規模の縮小

そのときは、事業を縮小する決断をしました。駅前の事務所を退去し、残った従業員には、在宅勤務をしてもらうことで固定費を減らしました。その後、税理士事務所の一部をＭ＆Ａで譲渡し、また１人に戻り、最終的には、ほぼ税理士業の仕事をなくしました。

最初は30％あった「起業家」の割合も、税理士の仕事においては未来のビジョンが描けず、最後は0％になっていました。「起業家」の割合が0％ということは、この苦痛からいかに逃れて事業を閉じるかに意識が向かうということです。

周波数と「職人」でいることとの関係

どの周波数であっても、それぞれを「職人」に留まらせている感情の動きがあります。

新しいことを立ち上げるときのワクワク感がたまらないダイナモ、お客様のことが大好きなブレイズ、現場で働くことに喜びを感じるテンポ、改善やルールに基づく精密な仕事にやり甲斐を感じるスチールは『職人』から離れることが困難です。

では、「起業家」「マネージャー」「職人」のバランスをとるにはどうすればいいのでしょうか？

起業家の視点

そのためには「起業家の視点」が必要です。

「起業家」は、まず会社の将来像を決め、そこから現在何をするべきかを逆算します。それに対し「職人」は、現在の自分を起点に将来に向けて動きだしてしまいます。

「職人」的な創業者は、現在地から目の前に現れる分かれ道を、毎回自分の好みと直感で選択しながら進むので、ゴールがどこかわかりません。これがもしバスだとすると、乗客（従業員）は不安でたまらないでしょう。乗客も、停留所に関係なく乗り降り自由です。そしてやがて燃料が尽きてしまいます。

「起業家」的な創業者は、まずゴールを決め、ルートを何通りか考え、そのために必要なガソリンの量を計算します。そしてそれに必要な人員をバスに乗せます。

起業家の人格が目覚めるとき

「起業家」のバスが走り始めると、「マネージャー」は、燃料が尽きないように計算し、「職人」は、運転をしたり車両の整備に精を出します。それぞれに役割が与えられるのです。

自分がいなくてもうまくいく仕組みづくり

このときに大事なことは、自分がいなくてもうまくいく仕組みづくりです。

そのために必要なことを要約すると、次のようになります。

①誰がやっても同じ結果となるように仕事の再現性を高める
②秩序立った組織運営をする
③未来の組織図をつくり、空欄を採用で埋めていく
④従業員の仕事内容をすべてマニュアル化する
⑤顧客に対して安定した商品・サービスを提供する

組織のようなものをつくる「職人」

「起業家の視点」を持たずに、忙しくなったら人を採用し、組織のようなものをつくったとしても、自分がいなくてもうまくいく仕組みをつくらずに、現場で「職人」として忙しく働いていたのでは、とても緑レベルに上がったとは言えません。さしずめ、黄緑レベルというところでしょう。

「起業家の視点」を持つための方法については、マイケル・E・ガーバー氏の著書に詳しく書かれていますので一読されることをおすすめします。

第6章　税理士事務所売上1億円突破

規模的拡大を志向する人としない人

二分される規模拡大の志向

会計事務所コンサルタント大谷展之さんの著書『会計事務所売上1億円突破へのロードマップ』（第一法規刊）では、税理士が黄色レベル（プレイヤー）から緑レベル（パフォーマー）に上がるための考え方について、実際の税理士との交流を通じてわかりやすく説明されています。

そもそも税理士には、規模を拡大したくない人と、規模を拡大したい人に二分されます。これは今回、執筆に当たって、多くの税理士にインタビューして得た感覚とも一致します。

規模的拡大を志向しない人もまずは1億円突破を目指す

大谷さんは、「規模的拡大を志向しない税理士」でも、ひとまず売上1億円突破を目指すことを推奨されています。税理士業だけで売上突破するためには、社員1人当たりの売上が平均1000万円だとすると10名の顧客対応できる人が所属する組織を構築することとなります。創業税理士は、現場から離れなくてはなりません。

黄色レベル（プレイヤー）で、得ていた自由や気ままさは、必然的になくなるでしょう。

この章では、何が売上1億円突破のための壁となり、それをどういうきっかけで、どんなマインドセットで乗り越えていくのかを考えていきます。

売上1億円突破を阻む3つの壁

大谷さんの著書には、売上1億円突破を阻む3つの所長の心理的な壁について書かれています。どれも納得のいくものですので、私自身の経験談、失敗談も紹介しつつ見ていきたいと思います。

売上1億円突破を阻む第一の壁・お金の問題

個人の所得が減る

売上1億円突破を阻む第一の壁は、1人から2人の壁で、お金の問題です。新たに雇用するとなると、今まで、個人の所得はすべて自分のものだったのが、そこから人件費として数百万円がポンとなくなります。現状で、個人の所得から生活費を支出した残りで、人件費の支払いが可能なら問題なく雇用できるでしょう。しかし、家族がいて教育費がかかるのであれば、個人の事業所得が1000万円あったとしてもそんなにゆとりはないはずです。

そうなると、例えば300万円の給料を払おうとすると、社会保険料や諸々の経費の増加を考えると、最低でも400万円の売上を増加させる必要があります。これでやっとトントンです。

顧問料1社あたり年間40万円だとすると10件の新規顧問先を獲得する必要がありますが、順調に営業ができたとしても、数か月間から1年くらいの時間が必要になります。

このときに4つの選択肢が考えられます。

①生活費や遊興費を削減する

一旦上がった生活レベルを下げることはなかなか難しいことです。ゴルフや飲みに行く回数を減らしたりするとストレスも溜まります。家族旅行や外食を減らすには家族の理解も必要です。

②預貯金を切り崩す

おそらくこれが、この場合の正解になると思います。開業する前に1000万円くらいの資金を貯蓄しておき、こういうときのために備えておくのです。

③金融機関から借りる

開業資金をためていない人は、国民政策金融公庫や信用保証協会の制度を使って融資を受けることが選択肢に入るでしょう。税理士は、安定収入があるため融資を受けやすい業種です。

④雇用することを止め、ひとり税理士に留まる

これは第一の壁である1人から2人の壁を破れなかったパターンです。このパターンの人も多いと思います。

実話②／金融機関の借入で苦難を味わう

苦難の始まりは金融機関の借入選択

私自身の経験でいうと、この第一の壁を越えるときに、③の金融機関からの借入を選択しました。思えば、これが苦難の始まりとなりました。

開業して数年後、パートさんが配偶者控除を受けられる範囲でのお給料を支払い、所得１０００万円ほどで、住宅ローン以外に借入もなく経済的に不自由のない生活をしていました。

そんなときに、正社員として働きたいという人が現れました。会計事務所での経験も豊富な人でしたので、どうしようかと迷いました。ちょうど仕事が増えてきて、１人では手が回らくなってきたタイミングでもありました。

借金をしてでも採用しなさい

貯蓄はあまりなかったので、税理士の先輩にどうしたものかと相談をしました。その先輩は、高度成長時代からバブルを生きた人なので当たり前のように拡大志向です。その人から、「そんな優秀な人だったら、借金をしてでも雇いなさい」とアドバイスされ、金融機関から借入をして正社員として雇用することにしました。

借入することにより、売上が上がるまでの時間を買うことになるのですが、当然、借入には返済と利息がついてきます。その返済をするためにはさらに売上を上げる必要があります。

さらに、そのときパートで働いていた人から、自分も正社員にして欲しいという申し出がありました。優秀で信頼の置ける人でしたので、さらに借入を増やして正社員として採用することにしました。

実家の倒産で、赤字に転落

その結果、人件費やそれに付随する費用が年間約７００万円増加することになります。１０００万円の所得から７００万円の経費が出ていき、さらに金融機関の返済が重なると個人の手取りは、ほとんど残りません。それでも売上は順調に増えており、いずれ元に戻ると楽観していました。そんなときに、実家と親戚の会社の倒産がありました。当時、私の顧問料収入は、実家と親戚が経営する会社からの収入が約30％を占めていましたので大打撃です。

税務調査に入られる

個人の収支は完全に赤字に転落しました。売上高の割に所得が少ないので、不審に思われ税務調査に入られました。金融機関向けに、少しでも所得を多く計上したいので、売上を隠すはずもありません。実情を理解した調査官は、「先生も御苦労されているんですね。私も、もうすぐ退官して税理士登録をしようと思っているのですが、税理士も大変だ」という同情めいた言葉を残して、早々に調査を終えて帰ってゆかれました。

借金を断られて目が覚める

雇用は維持しつつ、税理士の信用で借りられるだけ借りて、その状況を乗り切ろうとしました。気が付けば雪だるま式に借入金が増えていました。最後に借りようとした金融機関の人に「先生、悪いことを言わないから、これ以上借金することはおやめなさい」と、きつく言われ、悔し涙を流しましたが、そのおかげで目が覚めました。

その後、一気に事業を縮小し、別の事業を立ち上げ危機を乗り越えたという苦い経験があります。これがトラウマになって、その後、雇用することができなくなりました。

いい借金と悪い借金

時間をショートカットする効果、レバレッジとしての借入は、いい借金である場合もあります。特に、もし何かあった場合に備え、事業継続のために必要な最低預金残高を維持しておくための借金はしたほうがいいと思います。また業績好調時に借入をして返済実績をつくっておくと金融機関に対する信用にもなり、いざというときの審査速度が変わってきます。これは、コロナ禍で実感しました。しかし過去の、私のように借金からスタートし、赤字を穴埋めするために借金を繰り返すことは悪い借金のサイクルですので避けるべきです。

売上1億円突破を阻む第二の壁・幸せな小金持ち

小成功病とは

大谷さんは、売上1億円突破を阻む、2つ目の壁として「小成功病」を挙げておられます。売上3000万円から5000万円くらいでかかる病気です。

「小成功病」とは、大谷さんの言葉を借りると、「世間的には、さほど大きな成功をしているわけではないのに、既に成功者になった気分に浸って満足してしまう心の状態」をいいます。

社会的信用も年収もそこそこあり、若い頃憧れていた自動車に乗り、スイス製の時計をはめ、旅行やお酒を楽しみ、「幸せな小金持ち」になって、ここがゴールでもいいのではと思う状態です。

まだまだプレイヤー

しかし、この規模では、個人商店の色合いが強く、優秀な人材を採用することが難しく、まだまだ所長自らプレイヤーとして現場で忙しく働く必要があります。

黄色レベル（プレイヤー）から緑レベル（パフォーマー）に上がりきれていないレベル感です。

売上１億円突破を阻む第三の壁・上を目指す理由

幸せな小金持ちより、「もっと大切な何か」

前章で書いたように、黄色レベルの人が頑張って緑レベルに上がろうとするよりも、存分に黄色レベルの自由を満喫してから、「自分が自由を得ること」よりも、「もっと大切な何か」を見つけた時に、組織を作って緑レベルを目指すことの方が自然な流れでうまくいくと思います。

この「もっと大切な何か」が、さらに上を目指す理由になります。

夢にはパーソナルドリームとインパーソナルドリームがある

「もっと大切な』何かとは、何のために、誰のためにという「ＷＨＹ?」の部分です。起業家のミッションとか夢とも言われます。

視座を上げるときは、夢の種類を、自分だけの夢から誰かのための夢に抽象度を上げることだと思います。

これを、マイケル・Ｅ・ガーバーは、『あなたの中の起業家を呼び起こせ！』の中で、夢の種類をパーソナルドリームとインパーソナルドリームに分け、「偉大な起業家はインパーソナルドリームによって目覚める」と述べています。

お金持ちになりたい、いいクルマに乗りたいというパーソナルな夢から、家族や社員を幸せにしたい、困っている人を助けたい、世の中をよくしたい、貧困をなくしたいという風にインパーソナルの方向に夢の抽象度を上げることで、視座が上がりスペクトルのレベルも上がっていきます。

実話③／あるＩＴ起業家との出会いで視座の違いにとまどう

ＩＴバブルの熱狂

次のストーリーは、私が経験した、夢の抽象度の高さと視座の高さが比例し、ビジネスのスケールを大きくするという実例です。

宇多田ヒカルさんの『Ｆｉｒｓｔ Ｌｏｖｅ』がヒットしていた西暦２０００年頃、ＩＴバブルが起こりました。その頃私は、パソコン通信でＩさんという起業家と出会いました。

彼は元々、地球物理学専攻のＩＴ技術者でしたが、政治家になって世の中を変えたいという志がありました。会社を上場させ、その創業者利益で、政党や派閥のしがらみのない政治を行いたいという夢を持っていました。実際に国政選挙に出馬した経験もあります。

地方都市の有限会社としてスタート

Ｉさんの企業は、地方都市の小さな有限会社からスタートしましたが、多くの人が彼の夢に共鳴し、私は財務と経理部門を手伝うことになりました。

堀江貴文さんや、サイバーエージェントの藤田晋さんが時代の寵児として活躍したゴールドラッシュのような時代です。

多くの起業家は彼らの華やかな成功に憧れて一攫千金を夢見て事業を始めました。パーソナルな夢の実現のためにビジネスプランを考え投資家やベンチャーキャピタルから資金を募ろうとする人がほとんどの中、Ｉさんは今でいう社会起業家で異色の存在でした。

一介の税理士に過ぎなかった私も、実際にはあわよくば一攫千金というパーソナルな夢の持ち主でしたので、Ｉさんの話すことが、文字通り夢物語のように浮き世離れしていて、全く理解できませんでした。

カンボジアに大学をつくる

彼と私では、見えている景色が全く違ったのです、会社のみんなが東京のビル街を見上げているときに、彼だけは雲の上から首を出してヒマラヤの山並みを見ているようでした。

最終的にその会社は上場こそできませんでしたが、大企業に株式を譲渡し、Ｉさんは、日本には希望を持てず、政治家の道を断念し、手にした資金でカンボジアに山手線の内側三分の一に相当する広大な土地を買い、ＩＴを教える大学を設立しました。

インパーソナルな夢はシャンパンタワーをイメージする

突然の閃きを待っていても夢はやってこない

「上を目指す理由」であるインパーソナルな夢は、ＰＣの前に座っていても持てるものではありません。第３章で書いた第七感のような突然の閃めきによることが多いのですが、閃きを待っていても、普通の人には、なかなか簡単に起こるものではありません。

シャンパンタワーをイメージする

普通の人ができる現実的な方法として「シャンパンタワー」をイメージすればよいと思います。「シャンパンタワー」は、ホストクラブなどの映像でよく流れているあれです。ピラミッド型に積み上げたシャンパングラスのてっぺんから、シャンパンを注ぎ、上のグラスが満ちると溢れたシャンパンが下のグラスに流れ落ちていくというアトラクションです。

まず自分を満たすところから

一番上のグラスを自分、次の段が家族、その下が顧客・取引先、地域社会、日本、アジア、世界とどんどん範囲が広がっていきます。注がれるシャンパンを幸福だと考えると、まず自分を幸福で満たし、満たされたら次は、家族、顧問先と、幸福にする範囲を順番に広げていきます。

下の段が満たされるほど、経営者の視座が上がり、事業のスケールも大きくなっていくでしょう。

売上1億円突破の3つの壁

第7章　才能経営®による組織戦略

社員向けに最適化されたタレントダイナミクス

プロファイルとスペクトルは組織でも使える

前章までは、ウェルスダイナミクスについて説明してきました。

ここから触れるタレントダイナミクスは、企業や組織で働く社員を対象としています。ウェルスダイナミクスが対象とする起業家は、自分の裁量で物事を決めることができますが、タレントダイナミクスの対象とされる企業や組織で働く社員は、自己の裁量を制約されており、仕事内容や共に働く人、そして、お客様を選ぶことができません。そのことによる社員と仕事のミスマッチを減らすため、適材適所に人材を配置し、社員の才能を引き出し、協力体制を築きチームとしてのフローを高めることがタレントダイナミクスの目的です。このコンセプトは才能経営®と呼ばれています。

タレントダイナミクスにおけるプロファイルの考え方は、基本的にウェルスダイナミクスと同じですが、解説が企業や組織の社員用にアレンジされています。特に、タレントスペクトルについては、ウェルスダイナミクス創始者のロジャー・J・ハミルトンの許可を得て、日本が主導して開発したノウハウで、社員の意識や視座のレベルを測定することのできる画期的な指標です。

タレントダイナミクス導入のメリット

タレントダイナミクスを士業事務所に導入するメリットは、次のようなものがあります。

①事務所内の人事（役割分担・適材適所）に活かすことができる
②事務所内の人間関係の強化（改善）に活かすことができる
③スタッフの働きがいを高めることができる
④スタッフの離職率を下げられる
⑤スタッフの採用に活かすことができる
⑥スタッフの教育・指導に活かすことができる
⑦スタッフごとのキャリアプランができる
⑧チームフローにより業務効率が上がり、残業が減らせる

プロファイル別の社員像

まず、事務所で働く社員（スタッフ）の各プロファイルごとの才能発揮のポイント（社員像）について見ていきましょう。基本的には、第2章で説明した起業家向けのプロファイルと同じですが、組織で働く社員という立場から、少し説明や活用の方法が変わっています。

クリエイター／新しいモノを生み出し活かす　「アイデア社員」

（得意な才能発揮スタイル）

・今までにない斬新なアイデアを活用
・理論より直感を優先
・新しいことを始めるのが得意
・創造的で想像力が豊か
・革新的・刺激的なものが好き

（弱み）

・注意散漫
・ルーティンワークが嫌い
・物事を完了させるのが苦手
・１つのプロジェクトが完了する前に新しいアイデアに気持ちが移る

スター／独自の存在価値を活かす　「キラキラ社員」

（得意な才能発揮スタイル）

・自分自身の存在価値を活用
・人の心を引き付けて夢中にさせる力がある

・憧れられる存在になる
・いつも明るくて活気にあふれている
・他人のアイデアを発展させるのが得意

（弱み）

・高圧的になることがある
・他人の言うことに耳を傾けない
・経理・財務の細かい仕事が苦手
・パフォーマンスよりもイメージを重視する
・人の話になかなか耳を傾けない

サポーター／チームを率いて、メンバーをサポートする　「応援団長社員」

（得意な才能発揮スタイル）

・社交性とコミュニケーション能力を活用
・お客様やスタッフと親密な人間関係をつくる
・強いリーダーシップでスタッフに自信と勇気を与えチームを活性化させる
・リードすることもフォローすることもできる
・周りの人を元気づける最高の応援団長

（弱み）
・数字や計算が苦手
・バックオフィス業務が不得手
・おしゃべりが過ぎる
・たくさんの人に意見を求めすぎる

ディールメーカー／人と繋がり、人と人を繋げる　「ニコニコ社員」

（得意な才能発揮スタイル）
・信頼関係の構築と人脈を活用
・人を楽しませ、喜ばせるのが得意
・親近感や茶目っ気がある
・常に他者を気遣い、人の懐に入るのが得意
・素早くチャンスを見つける

（弱み）
・八方美人
・結果を出すためのシステムが必要
・図に乗りやすい

トレーダー／居心地のよい場をつくる　「ほっこり社員」

（得意な才能発揮スタイル）

・状況や相手に合わせられる調和力を活用
・バランス感覚が優れ、現場監督に適任
・体感的で精神的にバランスが取れている
・業務や周囲に対する洞察力が鋭い
・忍耐強くマルチタスクが得意

（弱み）

・仕事に埋もれてしまう
・全体像を見失うことがある
・我慢や忖度し過ぎる傾向がある
・指示待ちになってしまう傾向がある

アキュムレーター／着実に価値を積み上げる　「コツコツ社員」

（得意な才能発揮スタイル）

・思慮深さと継続力を活用して信頼される
・優れたプロジェクトマネジメント力を発揮

・注意深く細かい所まで目が届く
・チームワークが得意でこつこつ決めたことを実行できる
・研究者気質

（弱み）

・細部にこだわり過ぎる
・始める前に、人一倍データが必要で先延ばしにすることが多い
・楽観的というより悲観的
・情報収集に終わってしまうことがある

ロード／舞台裏で分析し効率化を推進する　「縁の下の力持ち社員」

（得意な才能発揮スタイル）

・分析力と確実性を活用して費用対効果を高める
・物事をコントロールすることでフローに乗る
・データを重視し、細部に気が付く
・意志が強い
・地道でも確実な成果を生む作業を好む

（弱み）

・人間関係よりも仕事に比重を置きすぎる
・社交の場が苦手
・過度に計画を立てすぎる
・データに没頭しすぎたり、整理しすぎたりしてしまう傾向がある

メカニック／よりよいシステムを追求する「カイゼン社員」

（得意な才能発揮スタイル）

・創造力と革新性で改善を繰り返す
・複雑な業務を効率的にシステム化
・マニュアル化が得意
・単純化や簡素化、複製化が得意
・データ収集や分析が得意

（弱み）

・とっつきにくく見られる
・融通がきかない
・社内の変化に目が向き、外部の変化を見過ごすことがある

・変化は好むが、完璧を求めすぎて、落とし所を忘れる

お互いのプロファイルを共有し理解する

プロファイルを組織の共通言語にする

タレントダイナミクスの法人研修やコンサルティングを導入している企業では、社員の全員がプロファイルテストを受験し、結果を共有しているところが多いようです。

プロファイルを社内の共通言語とすることで、お互いの強みと弱みが共有され、相手のことを理解し、助け合おうとする気持ちが芽生えてきます。

弱みを克服することから強みを伸ばして仕事の効率アップ

これまで日本的な組織では、弱いところ、できないところにフォーカスして、できないことをできるようにしようとしてきました。しかし無理にできないことにフォーカスすると、人間は自信をなくし、気分は落ち込み、効率は下がります。

それよりも強みにフォーカスして、それに応じた役割を与えることで、やる気が出て生産性は向上し結果的に組織の業績も伸びるはずです。

しかし、これまで、才能（強み・弱み）を見分けることは困難でした。自分でもそれがよくわか

らないので、どうしてもできないことのほうに目が行きます。

弱いところにフォーカスするとあらが目立つ

例えば、税理士事務所の場合、仕事の80％くらいは、経理や税務に関する数字を扱うルーティンワークです。先ほどのプロファイルからわかるように、クリエイターはルーティンワークが大の苦手です。また、スター、サポーターは経理業務や数字が苦手な人が多いプロファイルです。

これらの人を、アキュムレーターやロードのような数字やコツコツした仕事が得意な人と同列に扱うと、当然あらが目立ちます。

そのまま、同じ仕事をクリエイター、スター、サポーターに与え続けると、やる気をなくしてしまうでしょう。税理士事務所の離職率が高い原因は、こういうところにあるのかもしれません。

トイレで昼寝の日々

私が最初に就職した外資系の会計事務所には、新しいプロジェクトというものはあまりなく、ひたすらルーティンワークの繰り返しでした。お昼ご飯の後は、眠くなってきて、毎日トイレで昼寝をしていました。

せっかく、税理士になり英語を勉強して、憧れの外資系の会計事務所に入ったのに仕事でフローに乗ることができず悶々とした日々を過ごした結果、４年ほどで退職することになってしまいました。

タイプ別の取り扱い説明書

そのときの上司は、今から考えると、おそらく、ロードかアキュムレーターの、内向的でコツコツ生真面目に仕事をする人でした。

きっと全然タイプの違う私のことを、どう扱ってよいのかわからなかったのだと思います。私のほうも、「この堅物のわからず屋！」とストレスを溜め込んでいました。

当時、タレントダイナミクスのような、タイプ別の取扱説明書のようなものがあれば、また違った結果になったかもしれません。

才能を活かしきれないことは、社員にとっても会社にとっても損失です。

同じプロファイルと対極のプロファイルの組み合わせの功罪

異なるプロファイルはうまくいかなかった

先ほどの私が会社員時代の例は、プロファイルが全く異なり関係性がうまくいかない事例でした。

当時、その会計事務所がタレントダイナミクスを導入していて、私と同じプロファイルの上司のもとで新人時代を過ごさせていたら、私はクリエイターの強みを活かして、働きがいを感じて仕事を継続できていたかもしれません。

同じプロファイルは新人教育に有効

このように同じ周波数やプロファイルの組み合わせは、新人教育に有効です。

新人から見て上司は、よきロールモデルとなります。上司側は、新人の特性が理解できるので才能を伸ばしてあげることができます。また、同僚は、同じ周波数やプロファイルだと、似た者同士で助け合うことができます。

一方で、あえて、対極のプロファイルを配置することで、うまく人材育成ができる場合もあります。それは、自分の強みだけではなく、より高いレベルの役割や役職に就いたときです。

対極のプロファイルは管理者育成に有効

対極の周波数やプロファイルの組み合わせは、管理者育成に有効です。今思えば、当時の上司から指摘されていた細かい業務内容や効率化のポイントは、自分で事務所を経営する段階になって、とても役立ちました。もし、私がクリエイターの才能だけしか知らなければと思うとぞっとします。

このように、自分がより高い役職を目指している段階の部下から見ると、自分の上司から自分にない視点や発想がもらえます。上司から見ると、部下の弱みを助け、管理者に引き上げることができます。また同僚が、全く異なる周波数やプロファイルだと、お互いにない部分を補い助け合うことができます。

離職率がゼロになる

離職率がゼロになった美容室

美容室の業界も、士業事務所と同様に、資格ビジネスです。雇用においても徒弟制度の名残りがあり、若いうちは低い給料で長時間働きながら仕事を学ぶことが一般的でした。困難や理不尽なことを乗り越えてこそ、一人前になれるという考え方が常識でした。

タレントコンサルタントの資格をお持ちのある美容師が経営する美容室は、かつては離職率が90％だったそうです。

しかし、タレントダイナミクスを導入し、社員全員にプロファイルテストを受けさせ、それぞれの得意分野を活かし、個性に合ったお客様との仕事を指導することで、今では離職率は10年間ずっとゼロになっています。

経営者自身のプロファイルでマネジメントスタイルをチェンジ

その美容室の社長のプロファイルはトレーダーです。プロファイルテストを受ける前は、彼の経営者のイメージは、「先頭に立って元気よく社員を鼓舞」というもので、トレーダーの得意なリーダーシップとは異なるものでした。

しかし、自分がトレーダーだと知ったことで、リーダーシップのあり方自体大きくが変わったそうです。もともと、トレーダーらしい、スタッフの１人ひとりに気を配るタイプでしたが、それを理想の経営者像に合わせて抑え込んでいました。しかし、その封印を解き放ち、それぞれのスタッフと面談し、強みや弱みを話し合うことで、スタッフとの信頼関係が強化されました。

そして経営者としては、トレーダーの強みである安心な場づくりに徹して、今ではそれぞれのスタッフが、主体的にやりがいをもって、美容室を運営してくれている状態がつくられているそうです。

社員同士の相互信頼の強化

またあるＩＴベンチャー企業の経営者は、創業当時の社員が少なかった頃は、「自分と社員１人ひとりの人間関係」は、自分が頑張ればなんとかなったが、ある程度の規模になってきた頃から仕組み化を強化する中で、「社員間のコミュニケーション」が悪くなり、ピラミッド型組織による縦割りの弊害がでてきたことに危機感を感じておられました。

社長の思いは、「１人ひとりの幸福や働きがいを大切にしながら成果に結びつけていく」というものでしたが、彼のロードのプロファイルの特性が強く出てしまい、仕組みによる管理体制を重視するあまり、社員との間に溝ができてしまったのかもしれません。

そんな社長の思いを実現するためには、「社長と社員」や、「社員間」の相互理解がとても重要になります。その相互理解を深めるツールとして、タレントダイナミクスが導入されました。タレントダイナミクスによって、お互いのプロファイルによる才能や価値観を理解し共有することで、「1人ひとりの幸福や働きがいを大切にする」という社長の言葉の真意が、社員にもよく伝わるようになったそうです。

組織内で、バランスよくプロファイルを配置する

私が理想とする税理士事務所の役割分担

タレントダイナミクスは、組織内の役割分担を決める際にもわかりやすい指標となります。例えば、税理士事務所で、8つの異なるプロファイルを持つスタッフがいたとして、どのような役割を与えれば、チームがフローに乗れるかを考えてみました。

これは、あくまで想像ベースですが、私だったら次のように役割分担をします。

- クリエイター：新商品や新規事業の開発
- スター：クリエイターが考えた新商品のアイデアのプレゼンやセミナー
- サポーター：外回りのスタッフのリーダー役と相談役
- ディールメーカー：新規営業や、生命保険や不動産業者を顧問先に紹介
- トレーダー：事務所内のリーダーとして、業務フローの管理や雰囲気づくりをしてもらう

・アキュムレーター：所内のルーチン業務を中心に、難しい税務の案件を処理
・ロード：審理担当として、申告書などの最終チェック
・メカニック：業務のマニュアル化、煩雑な業務を簡素化しシステム化

8人別々のプロファイルが揃うことは、なかなかありませんが、チーム編成を考えるとき、ダイナモ・ブレイズ・テンポ・スチールの4つの周波数をバランスよく配置して、お互いの強みを活かし弱みを補完すれば仕事の効率がアップします。

相手や自分を責めることがなくなり、みんなが機嫌よく楽しみながら仕事ができるようになります。結果的に、生産性が上がり、顧問先からの評判もよくなり、収益性もアップするでしょう。

タレントダイナミクスを採用に活かす

生産性の高い組織はプロファイルのバランスがとれている

生産性の高い組織は、プロファイルがバランスよく配置されています（図表19）。

現在、私の会社には、正社員はいませんが、プロジェクトごとにメンバーがいます。

私自身は、クリエイターで新しい商品やビジネスを考えています。それを具現化するシステムエンジニアさんは、メカニックとロード、販促のアイデアを思いつくのは、私よりブレイズが強いクリエイター、それを言語化してセミナーコンテンツをまとめるのはアキュムレーター、実際に販促

〔図表19　私のプロジェクト〕

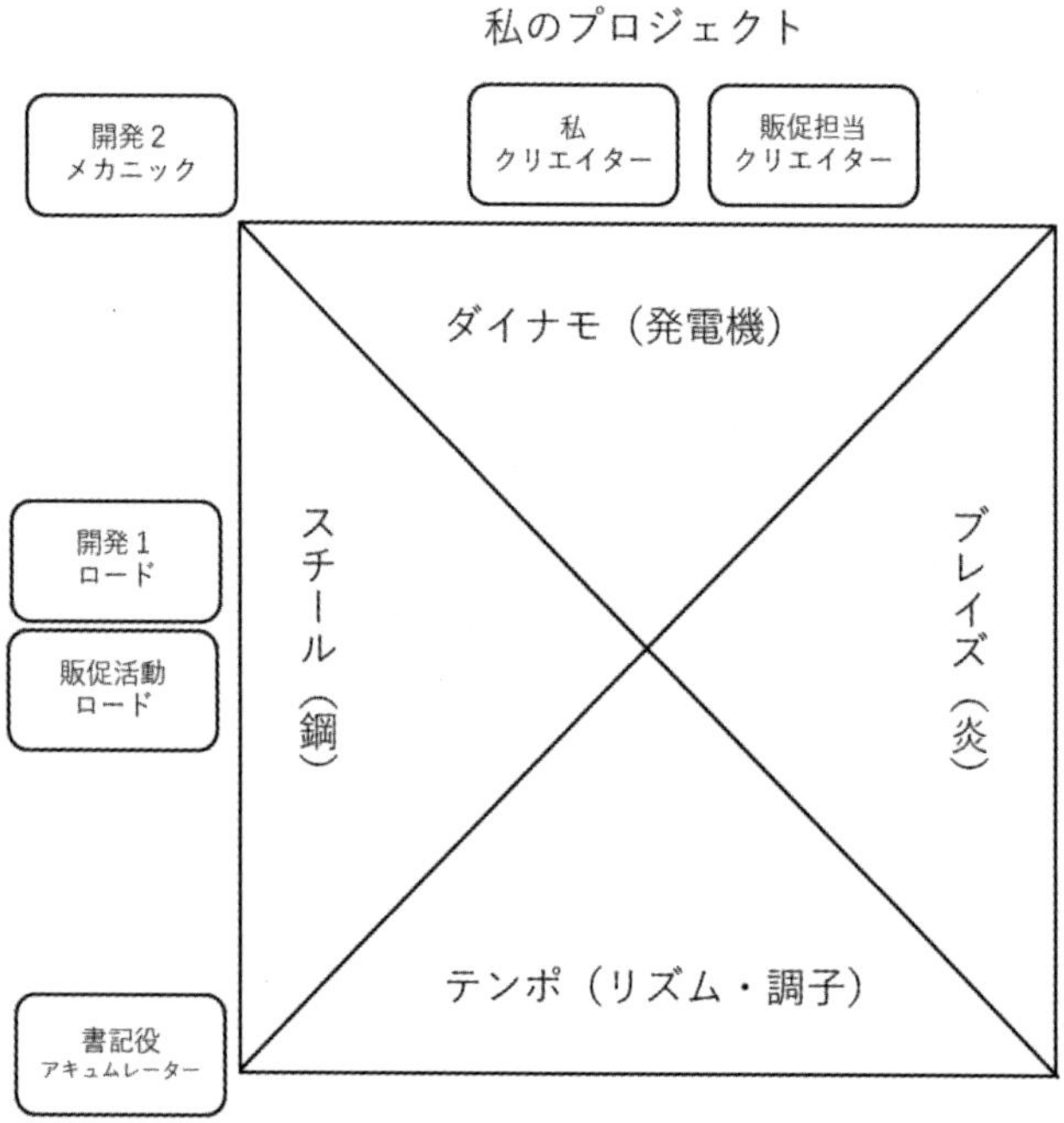

活動を地道に行い成果測定するのはロードです。

このように、ダイナモ、ブレイズ、テンポ、スチールの４つの周波数がメンバーに揃うと、とてもスムーズに仕事が進みます。

第2プロファイル

ちなみに、自分のプロファイルの両隣は、第2プロファイルと呼ばれ、少し努力すればできる才能領域です。私はクリエイターですが、第2プロファイルのメカニックとして、ソフトの改善やサブスクリプションビジネスの構築、スターとしては、必要に迫られれば、セミナー講師として人前に立つことができます。

私のチームには、スター、サポーター、ディールメーカーといった、ブレイズ周波数が突出して強い人はいませんが、私ともう1人のクリエイターのメンバーがスターの役割も担っています。

私のプロジェクトの活動はインターネットがメインですので、人とリアルに接することがほとんどないため、ブレイズ力が弱めでも成果を出せているのだと思いますが、今後オフラインのリアルな営業をする場合にはサポーターやディールメーカーの力が必要になってくると考えています。

第2プロファイルは翼のようなものです。もしもあなたが第1プロファイルの速度を上げすぎてしまうと、チームがあなたについていけなくなります。ペースを落とす必要があるなら第2プロファイルで動く時間をとってみてください。

手薄なプロファイルを強化する

採用に当たっては、まず現状のメンバーのプロファイルを、ウェルスダイナミクスの四角形に分布してみます。そして第2プロファイルまで考慮して、手薄な周波数やプロファイルを担える人を採用するとバランスのとれたチーム編成をすることができます。

図表21は、ある会社の社員の配置図ですが、第2プロファイルまでを考慮しても、スチール周波数が手薄です。もしもその会社が、スチールの人材の得意なデータ分析や業務の効率化、マニュアル化がおくれているのであれば、ここに、メカニック・ロード・アキュムレーターの人を採用することで、強化することができます。

1・2・3の法則

あなたから(図表20の場合は社長)見て、右回りに2つめの「サポーター」と、さらに3つめの「アキュムレーター」がチームにいると、第2プロファイルまで含めて全プロファイルをカバーすることができます。この図表20のケースでは、既に「サポーター」のAさんがいるので、「アキュムレーター」の人を採用することで強いチームをつくることができます。

この1・2・3の法則は、どのプロファイルにも当てはまります。

〔図表20　ある会社の配置図と1・2・3の法則〕

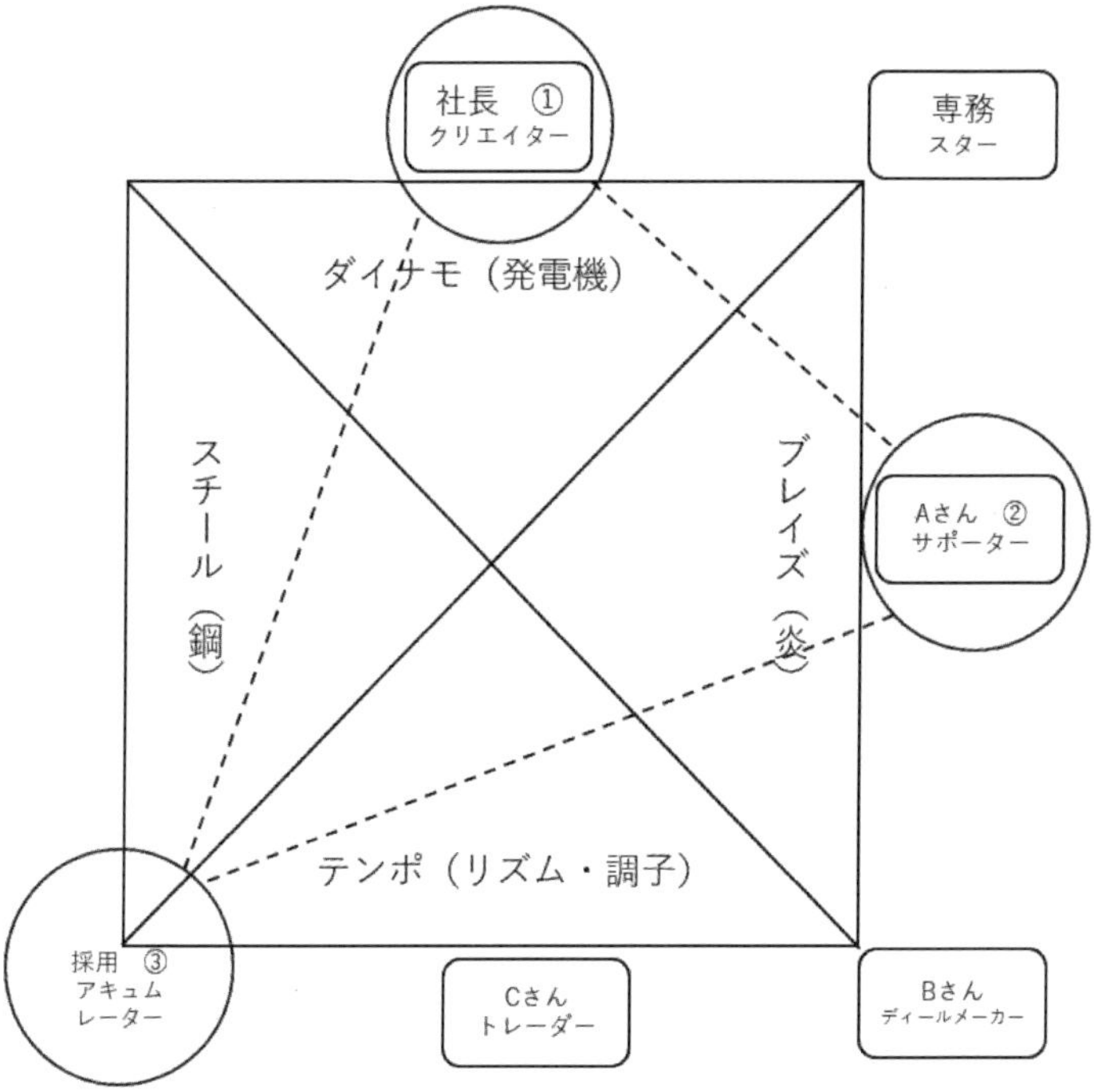

経営者のビジョンに沿った採用活動

また、タレントダイナミックスを活用し、どこを強化したいのかというビジョンをもとに、決め打ち的な採用活動をすることも可能です。

実務を強化したいのであればアキュムレーター、事務所の雰囲気をよくして、地道に働いてくれる人が欲しいのであればトレーダー、事務所内に活気をもたらしたいならサポーター、新規事業を始めたいならクリエイターやスター、営業を強化したいならディールメーカー、システム化やマニュアル化を進めたいならメカニックやロードという風にビジョンに沿った採用が可能になります。

協調性がある＝自分の感情を殺せる人？

組織においては、新しい人を採用するときに、その採用の基準を、個人レベルの優秀さや、中途採用なら職歴や経験に置くのが一般的だと思います。また、協調性も重視されます。

協調性とは「自分と異なる立場、違う意見や考え方を持つ人たちと協力しながら、同じ目標の達成に向けて行動できる能力」のことをいいます。

しかし、なぜ他の人の意見や考え方が、自分と違うのかという根本原因がわからないままだと、お互いの不信感や嫌な感情が積み重なっていきます。その状態において「協調性がある人」ということは、すなわち「自分の感情を殺せる人」ということになります。これでは、活力のある健全な組織は生まれません。

相手も活かし、自分も活きる真の協調性

タレントダイナミクスのプロファイルを組織内で共有すると、自分と異なる意見や考え方が言語化されます。言語化された違いを理解することで、自分の感情を殺すのではなく、相手を活かし、自分も活きる真の協調性が生まれます。

タレントスペクトルでスタッフの視座の現在地を知る

スタッフのマインドと視座の現在地

ウェルスダイナミクスには、起業家の現在地レベルを表した、ウェルススペクトル診断があります。一方、企業や組織で働く社員用にも、タレントスペクトルというマインド（意識）と視座のレベルを測る指標があります。

前述の通り、これは日本がリードして開発したノウハウです。世の中には「強みや適性を調べる診断テスト」が数多く存在しますが、この「レベル」を測定する指標があることが、才能経営®メソッドが多くの企業で評価されている特徴でもあります。

タレントスペクトルでは、社員の意識レベルを、現場プリズムと管理プリズムという2つの段階に分け、そのそれぞれのプリズムに3つのレベルがあります。全体は赤外線から青までの6レベルのスペクトルで表され、それぞれのスペクトルの特徴やそのレベルにある意味を知り、次のレベル

に上がるためのステップを明確にする指標になっています。

〔図表21　タレントスペクトル〕

各レベルでのマインド

ここでは、士業事務所をイメージして、６つのレベルにおけるマインド（意識）を整理しています。

現場プリズム

・赤外線レベル　（アシスタントマインド）

このレベルの社員は事務所にとって「リターンがマイナス」の状態です。つまり、その社員の働きや貢献よりも負担している費用（給与や経費）が多い状況です。

このレベルの社員の内心は、「できれば仕事はやりたくない。責任はとりたくない、チームに頼るけれど頼られたくない」というマインド（意識）で一人前のスタッフ以前の意識ということになります。

まず規律と責任感の重要性を学び、基礎力を身につける必要があります。

・赤レベル　（スタッフマインド）

このレベルの社員は事務所にとって、「リターンがプラスマイナスゼロ」の状態です。

いわゆる一般的なスタッフの意識で「言われたことをやる、迷惑をかけず、周りの人に合わせながら自分の役割だけ果たす」という状態です。

まだ個人の都合が優先されるマインド（意識）です。

まず、目の前の仕事に真摯に取り組み実力を蓄えることが重要です。

・**オレンジレベル　（エキスパートマインド）**

このレベルの社員は事務所にとって「リターンがプラス」になっています。才能発揮の観点から言うと、このレベルからがプロファイル（才能）が活かせる段階になります。逆にいえば、赤・赤外線レベルは才能発揮以前のレベルということになります。

オレンジレベルの社員は、仕事にやり甲斐を感じ、自ら考えて提案し、学ぶ努力も惜しみません。事務所内の頼りになる専門スタッフとして、他の社員のお手本にもなります。

しかし、あくまで自分自身が働き手となっている状態で、チームを率いるリーダーではありません。オレンジレベルのまま現場で業務に集中したいか、リーダーとしてチームを動かす役割を担いたいか、このレベルの人の大切な選択になります。

管理プリズム

・**黄色レベル　（マネージャーマインド）**

このレベルの社員は、「チームで実質的な結果を生み出す」ことのできるリーダーです。

数人の部下を持ちますが、まだ現場を完全に離れていないためプレイングマネージャーとして実務も担いながら、チーム単位の予算達成のために働いてくれる頼りになる存在です。

業務リーダーとして、ある程度の自由度があり、工夫次第で多くの成果をあげられる立場にありますが、一方で、中間管理職として、経営者のニーズと現場スタッフの要望の板挟みになったりもします。また赤外線レベルや赤レベルの人を、上のレベルに引き上げる教育係として大事な役割をになっています。

・緑レベル　（右腕マインド）

このレベルは、黄色レベルのリーダーを束ねて、「事業を統括し会社に利益をもたらす」という経営者の右腕となる存在です。現場の仕事をほとんど離れて、事業全体の運営を任せられ、その事業の損益（Ｐ／Ｌ）やキャッシュフローの数値向上に目を注ぎます。

仕事の専門性だけではなく、トップの考えを理解し消化して、トップの右腕として部下に伝えモチベーションをアップすることも重要な仕事です。

税理士事務所の６つのビジネスモデルのうち、⑤工場型と⑥エンタープライズ型を実現するのは、この緑レベルの社員の存在が必要となってきます。

・青レベル　（経営者マインド）

このレベルは、単なる士業の枠を超えて、企業のトップとしての経営判断にとどまらず、会社の社会に対する責任を考えた行動や言動をとる必要があります。

大きな法人であれば、ＣＥＯ（最高経営責任者）やＣＯＯ（最高執行責任者）といった役職もこのレベルに該当します。

会社の価値（Ｂ／Ｓ）に注目し、社員全体が充実して働ける環境と企業文化づくりに責任があり、企業価値を向上させることに注意を注がなければなりません。

タレントスペクトルの診断テスト

タレントダイナミクスの法人研修やコンサルティングの際には、このタレントスペクトルの診断テストも受験することができ、各社員の意識のレベルと、そのレベルをあげるために必要なコミットメントのポイントを知ることができます。

法人研修や、コンサルティングを受けていない方も、タレントダイナミクス診断テストと、タレントスペクトル診断テスト、個別診断セッションが受けられます(有料)。巻末にリンク先のＱＲコードを掲載しておりますので、そちらからお申し込みください。

タレントダイナミクスとタレントスペクトルの関係

プロファイルを用いたタレントダイナミクスで、社員の強みを正しく診断して最適なチーム編成を行ってフローを起こし、パフォーマンスの高いチームに成長させます。

タレントスペクトルでは、社員１人ひとりの現在地の意識レベルと視座を診断し、更にレベルを上げるためのコミットとその進捗を確認します。それにより働きがいと経済的な成長を両立させた人材育成を行うことができます。

これらタレントダイナミクスとタレントスペクトルの２つの指標が相乗効果で機能します。

〔図表22　タレントスペクトル for 士業事務所経営〕

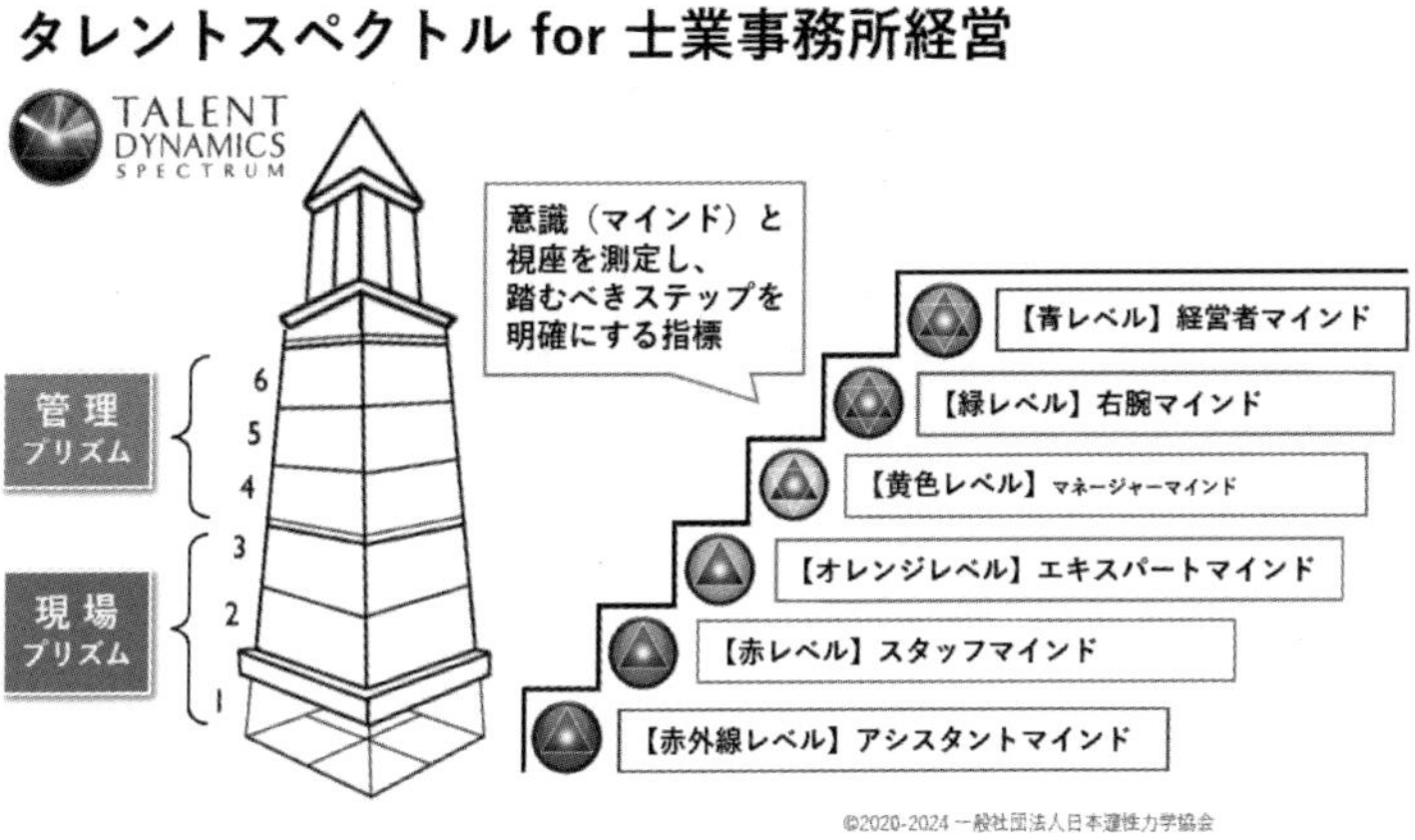

タレントスペクトルの目的と注意点

前述のような社員の意識レベルを測定して、プロファイルと合わせて才能発揮に有効に活用できるタレントスペクトルですが、効果的に使っていただくためには、それがどのような目的のものかを正しく認識していただく必要があります。

タレントスペクトルは、次のものです。

- あなたの才能を活かすための「意識（マインド）」を正しく判定するもの
- あなたの才能の「実力」レベルを正しく判定するもの
- あなたの会社での「役割」を明確にするもの
- あなたの「目指したいゴール」を自ら選ぶもの
- あなたの「成長度合い」を定期的に測定できるもの

逆にタレントスペクトルは次のものではありません。

- 「レッテル」
- 「人事評価」に直結するもの
- 「上下関係」や「優劣」を生み出すもの
- 「役職」を決めるもの

これらの点に注意してご活用ください。

税理士事務所の教えない風土

いまだ税理士事務所においては、徒弟制度の名残があり、先輩が後輩に仕事を教えない、仕事は自分で先輩の姿を見て自分で学ぶものという考えのベテラン社員もいます。自分たちがそうして来たからでしょう。

税理士事務所は、仕事が多岐にわたり忙しいため教える時間がないことも原因ですが、今の世の中で、そのような時代遅れなやり方では、すぐに新人が退職してしまいます。これでは組織として成長しません。

例えば、オレンジや黄色レベルの役割の１つに、「後輩に仕事を教え育てられること」という項目を盛り込むことも手段の１つです。

タレントスペクトルテストを受けて上司や部下のことが理解できた

タレントスペクトルのテストを受けて、自分の現在のレベルを知り、各レベルの視座や役割が分かったときに、初めて上司や部下のことをよく理解できたという人もいます。

組織全体を見渡し、新人が成長しないと組織は成長しない、自分には、新人を成長させる役割があるんだ、と納得できれば行動も変わり、きっと組織の風土も変わっていきます。

才能経営®のカウンセリングでは、図表23のレベルアップチェックシートを使って、各自に、どのレベルを目指したいのかの意思確認をし、具体的なアクションやタスクを提案していきます。

〔図表 23　レベルアップシート〕

TALENT DYNAMICS SPECTRUM

タレントスペクトル・レベルアップチェックシート

オレンジレベル → 黄色レベル

日付		氏名		担当者名	

次のレベルに必要なステップ：チームのフローとつながる

※レベル評価は自己診断での理想を１０点満点としてご記載ください。

（1）チームをリードする		レベル評価（10段階）
A	一定のサイクル（四半期など）でプロジェクトプランを作り、目的地やマイルストーンを明確にしている。	0　5　10
B	チームメンバー各自の役割・責任を明確にして、お互いがその共通認識をもてるようにしている。	0　5　10
C	チーム全員が結果にコミットすることを、自分がリードできている。	0　5　10

（2）チームフローに注力する		レベル評価（10段階）
D	チームメンバー各自がプロファイル（才能や強み）とスペクトル（意識のレベル）を把握し、それに適した目標をもっている。	0　5　10
E	チーム内の他メンバーのプロファイルやスペクトルおよびその活用法を理解し、実践している。	0　5　10
F	自分の担当する部門の役割を認識しており、上司や会社全体との連携を常に行なっている。	0　5　10

（3）価値を成果に変える		レベル評価（10段階）
G	自分の業務の内、一定のプロセスをチームで対応または自動化したので、次なる有益な業務に専念できている。	0　5　10
H	自分の業務範囲における毎月の予想に基づいた年間スケジュールがあり、チームとして一定の価値を会社に提供できている。	0　5　10
K	チームが所有しているリソースを、最も役立つポジションにおいて１００％有効に活用できている。	0　5　10

＜備考欄＞

第8章　自分と相手の才能を活用した営業戦略

タレントダイナミクスは営業や採用活動にも効果を発揮

ウェルスダイナミクスが起業家個人の強みに焦点を当てた戦略であるのに対し、タレントダイナミクスは、他者との関係を重視した戦略にフォーカスしています。そのため、タレントダイナミクスは、営業や採用活動においても効果を発揮します。

才能営業メソッド

従来の営業メソッドが、①数字を重視、②説得の技術が必要、③個人プレイであったのに対し、タレントダイナミクスが提案する「才能営業メソッド」は、①自分の強みを活かし、②相手の価値観を読み、③チームプレイであることが特徴です。

陸上自衛官の募集採用に成果

2022年に全国50か所にある防衛省の地方協力本部に勤務されているすべての広報官（募集担当の自衛官）に対してタレントダイナミクスの研修が行われました。この研修の目的は、広報官の職責である「新規入隊者の募集活動」の効果を高めることで、その方法として才能経営®メソッドが採用されました。

研修では、まず各自が自分自身のプロファイルと同僚のプロファイルを知ることから始まり、それぞれの才能によって得意とする募集スタイルが異なることを学びます。そして入隊を考えている募集対象者の周波数（才能や価値観）を推測して、相手に合わせた声かけや募集活動をすることができることを知ります。

その中で、多くの広報官が以前は、どんな相手にも同じパターンで説明や声かけをしていたのを、自分の強みを活かした方法や、相手のタイプに応じたアプローチに変えることに意識が向き、研修後のアンケートでは約97％の受講者から「実際の業務に使える」との高評価が得られました。

このケースは、商品やサービスを販売するものではありませんが、募集活動というトークやコミュニケーションを必要とする業務に、プロファイルや周波数を応用した好例です。

まず自分の周波数の営業スタイルを知る

営業業務に向き不向きはない

営業業務というと、何となく対人が得意なブレイズ（スター・サポーター・ディールメーカー）の人に向いている職種のような印象がありますが、実際には、それぞれ４つのタイプ（周波数）ごとに得意な営業スタイルが異なるだけで、「向き・不向き」があるわけではありません。

逆に、営業をされる見込客（クライアント）の側にも４つのタイプ（周波数）があるわけですので、この組み合わせが非常に重要になります。
「彼を知り己を知れば百戦あやうからず」という孫子の言葉にあるように、まず自分の周波数の得意な営業スタイルを知ることから始めましょう。

ダイナモの営業スタイルの特徴

・目標や成果を自ら設定し、より大きな目標に向かって挑戦することを好む。
・長期的な計画は立てず短期集中が向いている。
・創造力に溢れ、斬新な企画を思いつく。
・認められたいという意欲が高い。
・ペースの速い環境を好む。
・より大きなものにつながる挑戦に反応する。
・自由を好み、ルールや規則を嫌う。

ブレイズの営業スタイルの特徴

・日常的に人と接し、新しい出会いのある環境で、大きな力を発揮する。優秀な営業パーソンが多いが、テンポの支援を受けるとなおいい。
・社交的で、人間関係を最重要と考える。

・顧客と長期的な関係を築ける。
・人から紹介を受けることが多い。
・聴覚に訴えるコミュニケーションが得意。
・断られた時にダメージが大きい。

テンポの営業スタイルの特徴

・理解することを大切にし、すべて詳細な情報を入手してから確実に行動する。
・筋の通った再現可能プロセスを好む。営業事務などフォロー業務にも向いている。
・話し合いを重要視する。
・相手を丁寧に調べてから対応する。
・従うべき指示やシステムがあり、やるべきことが明確な状態を好む。
・連絡先やマニュアルがあるほうが力を発揮する。
・紹介を通じた仕事でも力を発揮する。

スチールの営業スタイルの特徴

・顧客との関わりの少ない営業方法を得意として戦略を立ててゲームのように楽しむ。
・分析やオンラインシステム構築が得意。

・分析を好み、データ処理して結果を導く。
・他周波数に比べると、認められることには関心が薄く、自分の仕事をやり遂げることにやりがいを感じる。
・物事を白か黒かで判断する。
・数字や物事の細部まで見ることができる。
・計画通りに進め過ぎて柔軟性に欠ける。

相手の周波数に応じた営業アプローチ方法

相手のタイプに応じたアプローチは、営業活動にも応用できる

さらに、見込客（クライアント）の周波数による違いについて見ていきましょう。

読者の皆様も、営業を受ける立場になったことがあるかと思いますが、営業マンの言葉がすっと耳に入ってくることもあれば、拒絶反応を示すこともあったかと思います。これは営業マンの問題だけでなくご自身の周波数やプロファイルによる価値観や、思考特性にも影響されています。

相手の営業トークが上の空になるとき

例えば、私の場合、「まず、弊社の紹介をさせていただきます。弊社のミッションは……」とい

うような回りくどい営業トークが始まると、心の中で「早く、商品の説明しろや。なんぼやねん！」と思って、相手のトークが上の空になってしまいます。逆に、詳しく会社のことを知って、丁寧に検討したい人もいるでしょう。

このように営業を受ける相手にとって、これら営業時に、すべきこと（効果的なアプローチ）、すべきでないこと（悪影響になるアプローチ）は、その相手の周波数によって区分することができます。

このポイントを、見込客との面談、プレゼンテーションや採用の面接のときに活用すると、相手の印象や成約率が格段によくなります。このノウハウは、社員間のコミュニケーションや、日常生活でも使えますので是非覚えておいてください。

でも、相手の周波数は「診断テストをしないでどうやったらわかるの？」という疑問もあると思いますので、推測する方法も後でお伝えします。

ダイナモの人に営業する場合

ダイナモの人は、スピード重視で結論がすぐに欲しい、斬新さや新しさ好む（自分で考えたい）というのが特徴です。そのようなダイナモ周波数の強い人に対して、営業ですべきことと、すべきでないことは次のとおりです。

営業ですべきことは

・イメージを多用する
・ポイントをつかんで全体的な利点を強調する
・「あなただから使いこなせる」と言う
・新しい、または革新的な特徴を挙げる
・生き生きと早めの口調で話す（手短に済ませる）

営業ですべきでないことは

・詳細を挙げすぎる
・長期的な利点を強調する
・個人的、社会的な話をする
・付属的な製品サービスを数多く紹介する
・プレゼンに時間をかける

ブレイズの人に営業する場合

ブレイズの人は、人との関係重視で共感や親しみが大切、細かいことは苦手という特徴があります。

そのようなブレイズの周波数の強い人に対して、営業ですべきことと、すべきでないことは次のとおりです。

営業ですべきことは

・本気度、一生懸命さをわからせる
・いかに、この商品を使っている人が格好よく見えるかを伝える
・自分自身もオープンにして、個人的関係性をつくる
・サービス商品の利点は「人」の視点で話す
・書類作成など面倒なことはこちらで引き受ける

営業ですべきでないことは

・製品サービスの内容仕様や詳細を強調する
・社交的な話をせずに、ビジネスだけに集中する
・マニュアル通りにプロセスを進め、交流しない
・人間関係を築かない
・プロセスを急ぐ

テンポの人に営業する場合

テンポの人は、トータルで把握することを好み、熟考してから決めるため、詳細や実績が大切というのが特徴です。そのようなテンポの周波数の強い人に対して、営業ですべきことと、すべきでないことは次のとおりです。

営業ですべきことは

・今が最適のタイミングであることを強調する（相手の人生において、価格において）
・付加的な利点や関連するサービスなども含めて説明する
・事実を強調する実績を伝える
・家族のためにも役立つことを強調
・時間の猶予を与える
・実績を強調する（賞の受賞など）

営業ですべきでないことは

・他のユーザー顧客の感情的な反応に焦点を当てる

・事実よりも意見を重視する
・重要な点をとばす
・相手の意見などを聞かずに一方的に話す
・話を急ぐ

スチールの人に営業する場合

スチールの人は、慎重で極めて注意深く、事実・データがすべて、最終的に自分で判断するという特徴があります。そのようなスチールの周波数が強い人に対して、営業ですべきことと、すべきでないことは次のとおりです。

営業ですべきことは

・自分のサービス商品のスペックをきちんと理解しておくこと
・顧客のニーズ以上でも以下でもない商品を提案する
・相手の生産性業務向上させるような利点はいかなるものでも強調する
・数字で表す
・他社製品の研究も怠らず、顧客に正しい比較検討材料を与えられるようにしておく

営業ですべきでないことは

・数字や仕様をごまかして乗り切ろうとする
・世間話や感情的な体験談に集中する
・相手の時間を無駄にする
・一般論を展開する（具体的な話が必要）
・詳細を話さず、商品の利点のみのを話す

反対の周波数の人に営業するときは注意する

いかがでしたでしょうか？

あなたは営業活動の中で、それぞれの周波数に該当すると思い当たる見込客（クライアント）に対して、「すべきこと」をできていましたか？

あるいは、営業で「すべきでないこと」をやっていなかったでしょうか？

特に、自分と真逆反対の周波数は理解しにくいので、そのような相手に営業するときは、特に注意が必要です。

たとえば、テンポ周波数の人が、ダイナモ周波数の人に、自分は丁寧な説明を好むからといって必要以上に丁寧に話して苛立たせてしまったり、スチール周波数の人がブレイズ周波数の人に、自分が要点だけの話を好むからといって、世間話を排除した理詰めの説明ばかりをして怖がられ、営業の前提となる良好な信頼関係を築けなかったりすることが想像できます。

〔図表24　周波数別営業スタイル〕

タイプ	営業スタイル
ダイナモ	創造力に溢れ、斬新な企画を思いつく ペースの速い環境を好む 自由を好み、ルールや規則を嫌う
ブレイズ	社交的で、人間関係を最重要と考える 聴覚に訴えるコミュニケーションが得意
テンポ	話し合いを重要視する 相手を丁寧に調べてから対応する マニュアルに従うのが得意
スチール	顧客との関わりの少ない営業方法（オンライン）が得意 計画通りに進め過ぎて柔軟性に欠ける

〔図表25　顧客タイプ別すべきこと・すべきでないこと一覧表〕

タイプ	すべきこと	すべきでないこと
ダイナモ	・重要ポイントだけを簡略に提示する ・全体的な利点を強調する ・相手にとっての重要性を知らせる	・詳細を挙げすぎる ・長期的な利点を強調する ・説明に時間をかけすぎる
ブレイズ	・他の人の良い体験談を挙げる ・感じよく振る舞い、笑顔を忘れずに ・書類作成など面倒なことは引き受ける	・社交的な話をせずに用件だけ話す ・詳細な説明を強調すること ・気持ちを置き去りにプロセスを急ぐ
テンポ	・時間をかけて、すべて説明する ・事実を強調する体験談を伝える ・共感を呼ぶ表現や貢献を大切にする	・事実よりも意見を重視する ・相手の意見を聞かずに一方的に話す ・丁寧さを欠く説明をする
スチール	・最終的なメリットを示す ・費用対効果の高い点を強調する ・数値や分析データで説明する	・世間話や感情的な体験談に集中する ・相手の時間を無駄にする ・一般論を展開する（具体性が必要）

相手の周波数を予測する方法

相手の周波数やプロファイルがわからない場合でも、同じ会社の従業員社員や知り合いの場合にはテストを受けてもらえばよいのですが、初対面の見込客（クライアント）にいきなり「テストを受けてください」と言っても不審がられます。

そんなときのために、周波数の見分け方のコツを紹介します。ここでは4つの周波数の簡単な見分け方についてお伝えします。

タイプを予測する3つの方法

相手のタイプ（周波数）を予測する方法として、①簡単な質問をしてみる、②相手の様子や雰囲気を感じ取ってみる　③似ている人から類推するの、3つがあります。

①質問してみる

次の3つの項目の質問をしてみて、「2つ以上」が当てはまるとその周波数の可能性が高いと思われます。次の質問の内容を直接ぶつけるのではなく、会話の中に、さりげなく、質問のエッセンスを入れて、相手の答えがどれに一番当てはまっているのかを感じ取ります。

質問１　どんなときに「充足感」を感じますか？

・未来をデザインしているとき　⇩ダイナモ
・新しい友人をつくるとき　⇩ブレイズ
・仲間との信頼関係をより深めるとき　⇩テンポ
・一人きりの静かな時間を持つとき　⇩スチール

質問２　自分を「表現」するのにふさわしい言葉は？

・創造的　⇩ダイナモ
・社交的　⇩ブレイズ
・協調的　⇩テンポ
・分析的　⇩スチール

質問３　次の中で「苦手」なことはどれですか？

・繰り返し同じことをする　⇩ダイナモ
・データを集計や分析する　⇩ブレイズ
・アイデアを生み出す　⇩テンポ
・仲間のやる気を高める　⇩スチール

②　相手の様子や雰囲気を感じ取ってみる

話し方やトーン
・早口・声高め　⇩ダイナモ
・元気・ジェスチャーが大きい　⇩ブレイズ
・ゆっくり・声低め　⇩テンポ
・冷静な感じ・ジェスチャーが小さい　⇩スチール
本題に入る前の会話（世間話）
・自発的・話題への興味により変わる　⇩ダイナモ
・世間話が好き　⇩ブレイズ
・控えめ・受け身　⇩テンポ
・基本的に世間話が苦手　⇩スチール
資料を渡したときの対応
・ざっくりと見る　⇩ダイナモ
・会話したがる　⇩ブレイズ
・丁寧に見る（話を聞く）　⇩テンポ
・詳しく確認（質問も多い）　⇩スチール

③　似ている人から類推する

これは、会社でタレントダイナミクスを導入して、よく知っている同僚や社員同士でプロファイルを知っているという前提での方法になりますが、営業相手の雰囲気や考え方、言動について、自分の知っている人の中で「似ている人」を見つけて、そこから周波数やプロファイルを類推してみることができます。

以上の３つの方法を駆使して、相手の周波数を推測することができれば、あとは、その相手の価値観や特性に応じて、すべきことと、すべきでないことを理解することで、営業の成果を向上させることができるはずです。

どのタイプにも効果的な営業資料を準備する方法

準備する効果的な資料

しかし、実際に営業に行く前に営業資料を準備する段階では、相手側の周波数がわからないですね。このような場合は、次のように、どのタイプ（周波数）にとっても効果的な資料を準備しておくと漏れがなく万全の対策になります。

・商品ビジョンや重要ポイントのまとめ　⇩ダイナモ用
・イメージやストーリーも用意　⇩ブレイズ用
・体験談や詳細な資料　⇩テンポ用

・比較表や最終的なメリットや結論が、端的に伝わる資料　⇩　スチール用

才能営業はチーム戦

役割を明確にしてチームで努力

従来の営業スタイルは個々の営業マンがアポとりからクロージング、フォローまでを行う個人戦が主流でしたが、才能営業メソッドでは、チーム戦での営業スタイルを提案しています。

これは、自分自身と見込客の才能（周波数やプロファイル）を活用するだけでなく、営業チーム内でメンバーそれぞれが得意なことで役割分担をして、流れ（フロー）をつくるという方法です。

次の図表26のようにそれぞれの役割を明確にし、チームで協力することで営業成果を上げることができます。

「グループ」と「チーム」の違い

才能営業とはチーム戦ですが、ここでの言葉の定義をしておくと、同じ集団でも「グループ」と「チーム」は異なります。「グループ」とは、似た目的で集まった集団で、役割は明確には決まっていません。成果は足し算的です。それに対して「チーム」は、明確な同じ目的で集まった集団をいい、役割が明確に決まっています。そのためシナジーが生まれ、成果は掛け算的になります（図表27）。

〔図表 26　それぞれの役割を明確にする〕

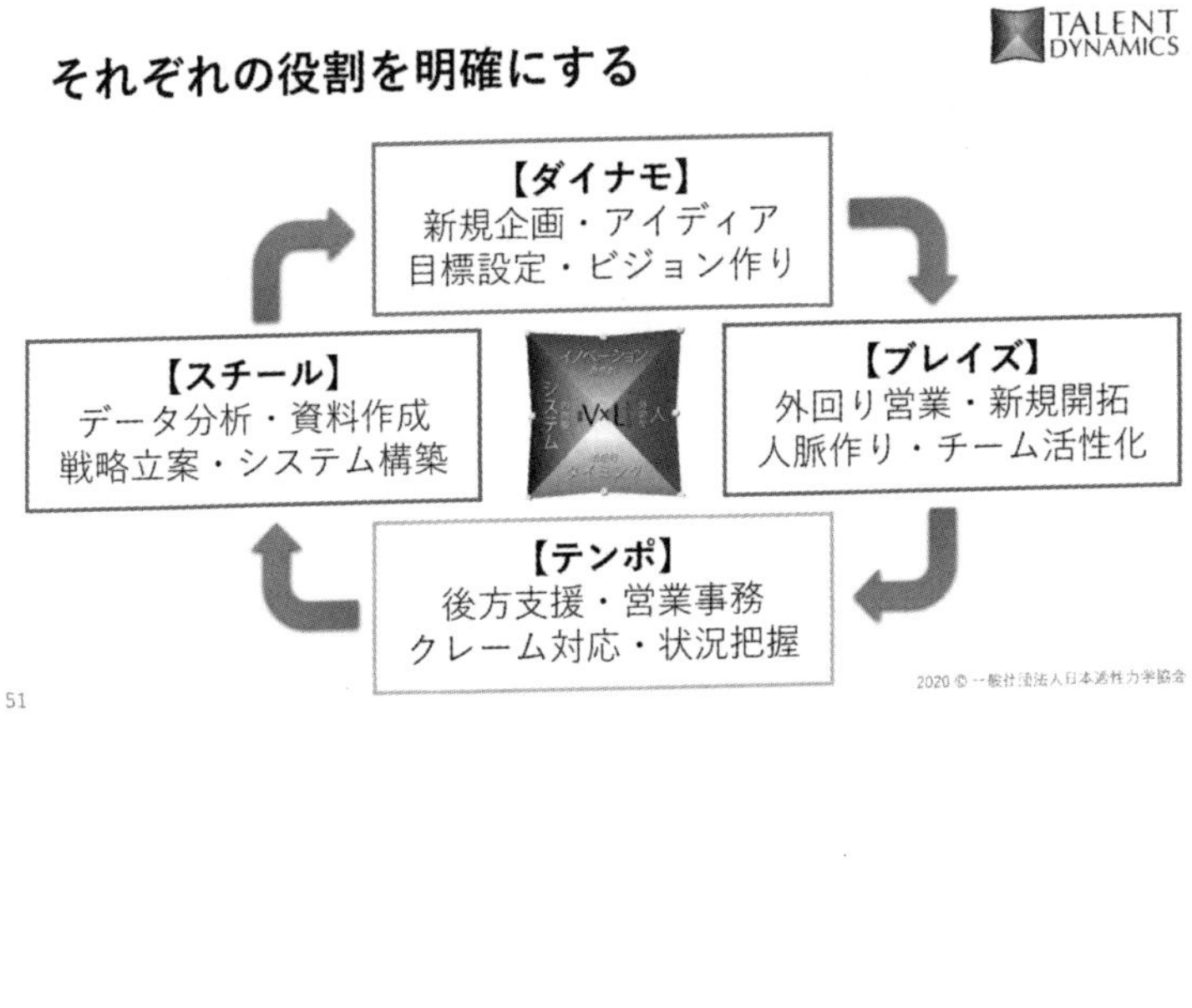
TALENT DYNAMICS
それぞれの役割を明確にする
【ダイナモ】
新規企画・アイディア
目標設定・ビジョン作り
【ブレイズ】
外回り営業・新規開拓
人脈作り・チーム活性化
【テンポ】
後方支援・営業事務
クレーム対応・状況把握
【スチール】
データ分析・資料作成
戦略立案・システム構築
イノベーション
システム
V×L
人
タイミング
51
2020 © 一般社団法人日本適性力学協会

〔図表 27 「グループ」と「チーム」の違い〕

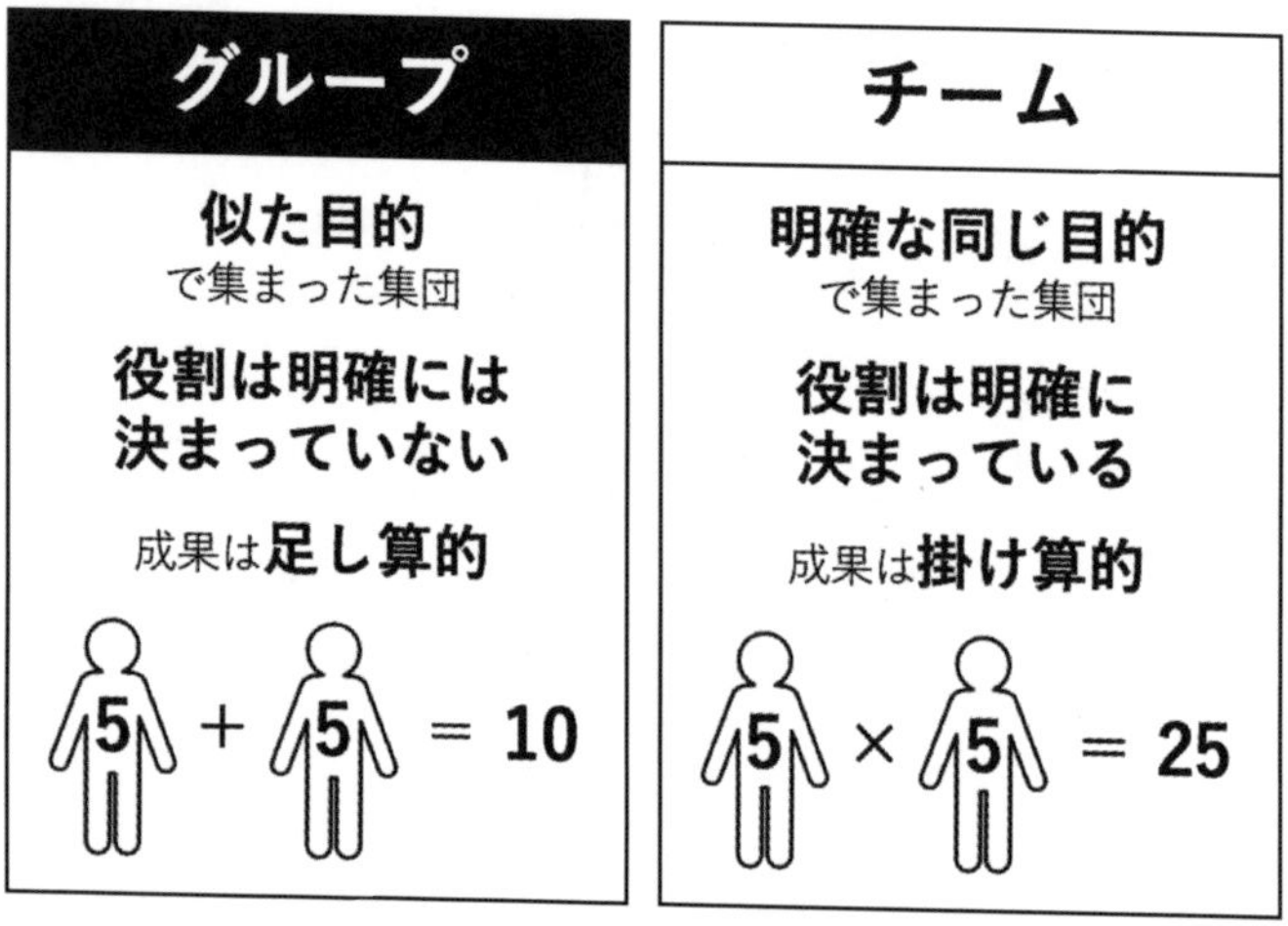

グループ	チーム
似た目的 で集まった集団	**明確な同じ目的** で集まった集団
役割は明確には 決まっていない	**役割は明確に 決まっている**
成果は**足し算的**	成果は**掛け算的**
5 ＋ 5 ＝ 10	5 × 5 ＝ 25

第9章　どうやって事業の幕を引くか

ここまで、4つの周波数と8つのプロファイルを活用し、ウェルスダイナミクスでは士業や起業家の個人がフローに乗る戦略を、タレントダイナミクスでは、チームがフローに乗る戦略や営業戦略を説明してきました。

企業は、創業期、成長期、安定期、成熟期から、再び成長期に向かうサイクルを歩みます。しかし経営者は、人生のどこかの時点で、事業を承継あるいは廃業する必要があります。

4つの幕の引き方

税理士業からほぼ引退

私は58歳のときに心筋梗塞で倒れましたが、一命を取りとめました。それを機に、顧問先を他の税理士に引き継ぎ、どうしても辞められない数件を残して60歳で税理士業からほぼ引退しました。

事業の幕引きには、親族承継・社員への承継・社外への承継・M&Aの4つが考えられます。最悪のケースは、何の準備もせず急死したり病気や怪我により職務遂行不能になることです。これは、お客様や従業員、家族にも大きな迷惑をかけるため避けなければなりません。

親族や社内に後継者がいない場合、他の税理士に顧問先を引き継ぐか、親族外への承継が現実的な選択肢となります。

M&A　譲渡する側の実体験

第4章で説明した、エンタープライズ型のビジネスモデルで事業を拡大する方法として最も有効な手段はM&Aだと説明しました。ここでは、逆にM&Aをされる側の視点で話を進めたいと思います。

私は、開業20年目の2016年に、税理士事務所の顧問先の2／3を、ある税理士法人に譲渡しました。M&Aの仲介会社を利用し、年間顧問料を基に譲渡金額を決定しました。かつては、年間顧問料がそのまま譲渡金額だったようですが、現在ではそれより低くなっています。

M&Aのメリットとデメリット

メリットはビジネスライクでスピーディーなこと

M&Aのメリットは、仲介業者を介してビジネスライクかつスピーディーに事業譲渡が進む点です。また、ある程度まとまったお金を得ることも大きなメリットです。

デメリットは罪悪感

デメリットは、ある意味での罪悪感です。事業譲渡契約の調印の日まで、顧問先にも従業員にも秘密裏に話し合いが進みます。調印の日に、事業譲渡の話を聞いた社員は、将来に対する不安とショックを受けます。

顧問先には、状況説明のため、新しい税理士と共に訪問します。「今までと何も変わりありませんのでご安心ください」と話しますが、もちろん大きな変化があります。

最終的に、元の社員は退職し、引き継いだ顧問先の半数が離脱しました。

生々しい話ですが、結果的に、契約の内容により、当初の契約金額の半分しか譲渡金額を受け取ることができませんでした。

自分で引き継ぎ先を見つけるメリットとデメリット

M&A以外で、親族や社員以外への事業の引き継ぐ方法として、自分で顧問先に適した税理士を見つけ、個別に引き継ぎを行う方法があります。これは、自分の子を里子に出すようなイメージです。

メリットは心理的に楽であること

メリットは、心理的に楽であることです。私の場合、病気が理由でしたのでスムーズに引き継ぎができました。デメリットは、地域、顧問先の社長様の性格、経理レベル、使用している会計ソフトなどの条件の合う税理士事務所を探す手間です。

私の場合、友人知人の信用できる人を、地域などの属性に応じて紹介しました。地域的に、適任者がいない場合、インターネットで検索し、ホームページを見てよさそうなところを見つけました。ホームページをきちんとつくるのは、こういうときにも役に立つなと思いました。

デメリットは無償であること

デメリットとしては、基本的に無償であることが挙げられます。しかし、逆に顧客を売買した罪悪感がないといういい面もあります。

最近では、税理士が顧問先を税理士に紹介するサービスを提供する紹介業者もあり、これを利用するとより早く適切な引き継ぎ先が見つかる可能性がありますし、紹介手数料を得ることもできます。

事業は売るためにつくられる

私のM&Aはあまりうまくいかなかった

「事業は売るためにつくられる」。これはマイケル・Ｅ・ガーバー氏の言葉ですが、文字通りの意味で事業を売却してお金を得るということ以上に深い意味を含んでいます。

実際に、売る、売らないにかかわらず、売れるような事業をつくりなさいという意味を含んでいます。そのためには、属人化をなくし、経営者は現場を離れ、誰がやっても同じ結果が出るような仕組みをつくらないといけません。

私のM＆Aがあまりうまくいかなかったのも、私の存在が大きかったことと、業務が属人化しているのに元の社員がやめてしまったことが大きな要因です。

私（トップ）の存在感が大きかったということを、もう少し詳しく説明すると、私が直接担当していたり、担当していなくても年に数回は訪問していたような顧問先が、もっと規模の大きな税理士法人に譲渡されたとします。余程規模の大きな顧問先企業でない限り、トップの税理士が直接担当することはありませんし、訪問することもあまりないでしょう。多くの場合は、税理士資格のないスタッフが担当することになります。

医師や歯科医師のように有資格者が診療をすることが当たり前の業種では、無資格者が担当者に変わることを嫌がるケースもあります。税理士事務所の所長は、経営者でもありますので、経営者目線で話ができないスタッフに代わると、譲渡された顧問先はサービスが低下したと感じます。

こういう面からも、将来的にM＆Aをされることを視野に入れるなら、トップは現場から離れておくことが賢明です。

一般の事業においても、社長が抜けると成り立たないような会社には、買い手がつきません。

スチール周波数の非属人的な仕組み化の能力が重要

そういった意味で事業の創業期は、ダイナモの創造性、成長期は、ブレイズの影響力、安定期はテンポの地道な献身と努力、そして成熟期においては、スチール周波数が持つ非属人的な仕組みづくりの能力がとても重要になってきます（図表28）。

オーナー士業になる方法

非属人的な仕事づくりの参考になるのは、『オーナー士業になってたちまち年商1億円を突破する方法』あべき光司著（すばる舎刊）です。この本には、士業がオーナー経営者となって、現場を離れる方法が詳しく書かれています。

現場を離れる上での課題は、経験の浅い人にどうやって専門的な仕事を任せるのかです。結局「自分がやったほうが早い」となり、いつまでも現場から離れることができません。そのときのポイントは、マニュアルとチェックリストづくりです。同書にはそのノウハウが惜しみなく書かれています。ちなみに、著者のあべき光司さんは友人で、プロファイルテストを受験してもらいました。結果はやはり、仕組みづくりが得意なメカニックでした。

創業から幕引きまで自分を見つめ直す

次の最後の章では、事業の創業期から、成熟期、幕を引くところまで、自分を見つめ直し、本音の経営計画をつくってみたいと思います。

〔図表 28　事業の成長サイクルと必要な周波数〕

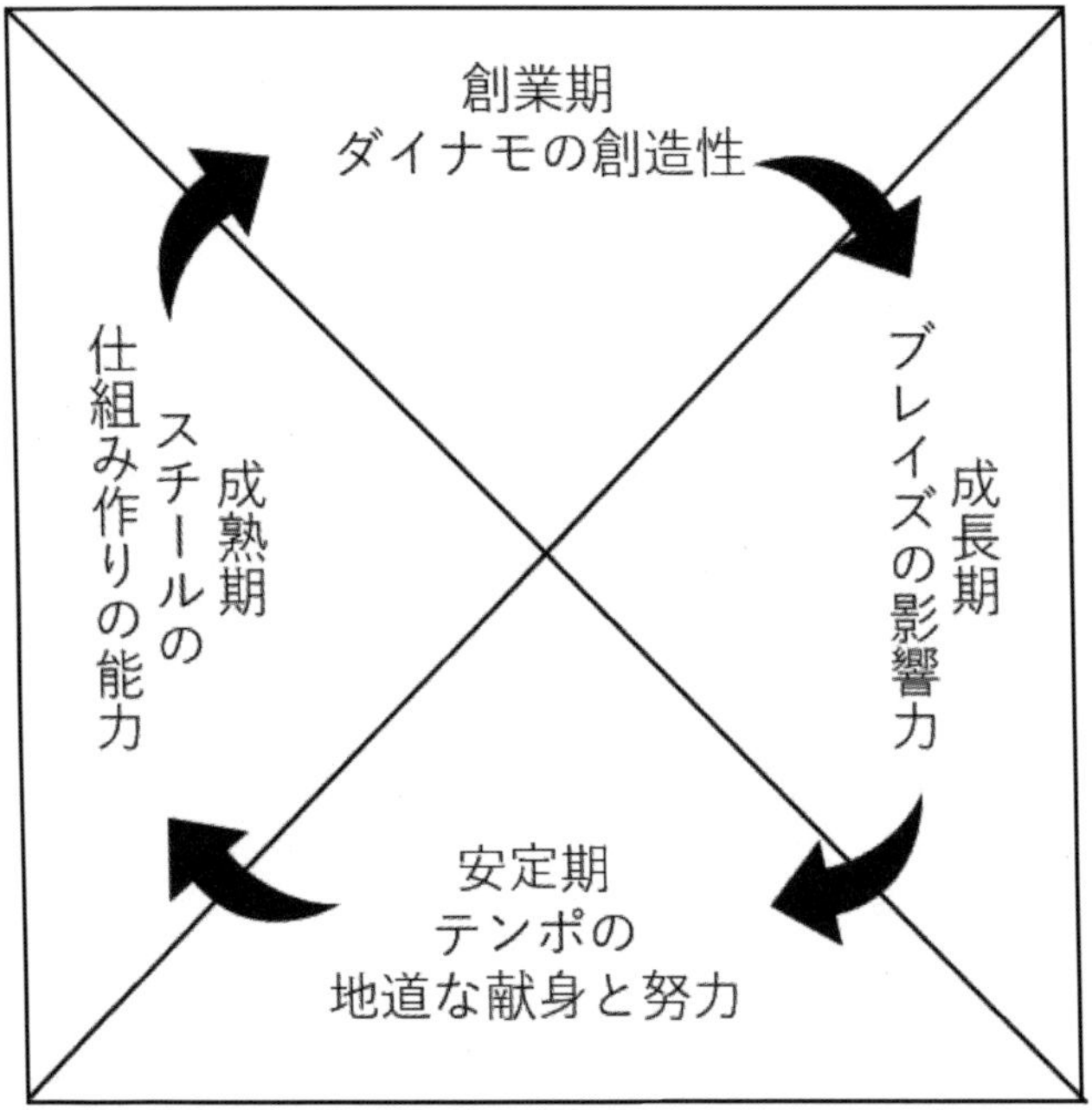

第10章　自分のための経営計画

他人には見せない経営計画

本音の経営計画

中小企業の経営計画というと、発表会を開いて従業員、取引先や金融機関に自社の方向性を示すものが代表的です。ここでは、前章までの内容を踏まえて、自分のためだけのきれいごとではない本音の経営計画をつくってみたいと思います。

ダイナモは経営計画を立てるのが嫌い？

私見ですが、周波数がダイナモの人は、経営計画を立てることが好きではありません。なぜならビジネスのアイデアは、突然天から降ってくるものだと考えているからです。どうせすぐに方向転換するので計画を立てても無駄だと考えがちです。

4つの周波数と企業の成長

ウェルスダイナミクスの周波数は企業の成長過程とも一致しています。

ダイナモ（春）・ブレイズ（夏）・テンポ（秋）・スチール（冬）の周波数は、春夏秋冬の季節の巡りも表しています。企業の成長にも春夏秋冬があります。

まず春にダイナモがビジネスを立ち上げ、夏にブレイズがビジネスを広げ、秋には、テンポが地道に実務を行い軌道に乗せ、冬になるとスチールが、収益が確実にあげられるシステムを構築する。

このように4つの周波数がそれぞれの役割を全うすると、事業は成長軌道に乗っていきます。ダイナモの人は、事業の立ち上げのところばかりに目が行きがちですが、このように事業成長の4つの季節とそれぞれの段階にあった周波数の人材という視点に立つと経営計画の必要性が見えてくるのです。

自分のための本音の経営計画をたててみよう

ここからは、自分のための本音の経営計画をつくっていきます。売上などの項目は税理士業を想定していますが、他の事業をされている方は、自分の業種にアレンジして作成してみてください。

誰にも見せない、自分だけの経営計画書ですので、本音で、わがままに書いてみてください。

①自分の本音分析

あなたのプロファイルは？
クリエイター・スター・サポーター・ディールメーカー
トレーダー・アキュムレーター・ロード・メカニック

自分が仕事でフローに乗れるのはどんなとき？（できるだけ具体的に）

お客様にしたくないのはどんな人？（できるだけ具体的に）

やりたくないのはどんな仕事？（できるだけ具体的に）

お客様にしたい人はどんな人？（できるだけ具体的に）

・・・・・・・

やりたい仕事はどんな仕事？（できるだけ具体的に）

・・・・・・・

②現在地分析

現在の売上（収入金額）は？

年（　　　　　　　）円

内訳：

顧問料　平均単価（　　　　　　）円　×　顧客数（　　　　　　）件　＝（　　　　　　）円

年一決算や確定申告（　　　　　　）円

相続などスポット（　　　　　　）円

紹介手数料収入等（　　　　　　）円

その他の収入　　（　　　　　　）円

現在の利益は？（事業所得・経常利益等）

年（　　　　　　）円

現在の個人所得は？

年（　　　　　　）円

現在の自分を除く従業員数は？

正社員（　　　　）人

パート（　　　　）人

外注（　　　　）人

合計（　　　　）人

現在のビジネスモデルは？

フリーランス型・ひとり社長型・バランス型・専門特化型・工場型・エンタープライズ型

現在の本音の事業ミッションは？

誰のために？

何のために？

③未来の姿

（　　　　）年後　西暦（　　　　　　）年です。

ここからは、すでに達成していることとして記入してください。

現在の売上（収入金額）は？

年（　　　　　　）円

内訳：

顧問料　平均単価（　　　　　　）円 × 顧客数（　　　　　　）件 ＝（　　　　　　）円

年一決算や確定申告（　　　　　　）円

相続などスポット（　　　　　　）円

紹介手数料収入等（　　　　　　）円

その他の収入（　　　　　　）円

現在の利益は？（事業所得・経常利益等）

年（　　　　　　　　　　　　）円

現在の個人所得は？

年（　　　　　　　　　　　　）円

（　　　　　　　　　　）年から、どれだけ増えましたか？

売上（　　　　　　　　）円

顧客数（　　　　　　）件

利益（　　　　　　　）円

個人所得（　　　　　）円

右記を実現するためにどんな施策を行ってきましたか？

・
・
・
・
・
・
・

現在の自分を除く従業員数は？

正社員（　　　　）人
パート（　　　　）人
外注（　　　　）人
合計（　　　　）人

理想とする組織図を描いてください

現在のビジネスモデルは？
フリーランス型・ひとり社長型・バランス型・専門特化型・工場型・エンタープライズ型

事業が自走化する仕組み化は？　何パーセント位できていますか？

現在の事業ミッションは？
誰のために？

何のために？

最後はどうやって事業を終えますか？
親族承継・社員への承継・M＆A・社外の人に承継する

お疲れ様でした！

おわりに

迷走を続けていた頃

私は、32歳で独立してから50歳くらいまで迷走を続けていました。様々なセミナーを受講したり、国内外の有名な先生に師事して、資格を取得して自らセミナーを教える側になったりもしていました。

これは、自分にあったロールモデルやメンターを探して右往左往していたのだと思います。インターネットやSNSが発達している現在では、容易に人と出会い繋がることができます。その中で、自分と同じタイプの成功している先人と出会えることは、とても幸運なことであり、よいロールモデルになります。また、自分とは、異なるタイプの人から自分にないものを学び取ることもできます。よきメンターとなっていただけるかもしれません。

私のロールモデルとメンター

エピローグを書きながら、自分にとってのロールモデルとメンターは誰だろうと考えてみました。税理士業でのロールモデルは見つからなかったのですが、現在やっているソフトウエアのサブスクリプション型ビジネスにおいてはロールモデルがいます。

彼は税理士で、賃貸用不動産オーナーに特化し、サラリーマン大家さんに税金を教える会員制ビジネスを展開しています。元々、毎月音声ＣＤを会員に送付していましたが、ある時から不動産の投資利回りを計算できるシステムの提供を始めました。

その頃、彼の事務所を訪問した際、「会員制ビジネスを行うなら手離れのよいシステム提供が絶対にいい」とアドバイスを受けました。音声を録音しＣＤにして郵送する手間が省けるからです。その彼の言葉が強く心に残りました。

私のメンターはパソコン教室の先生

メンターとは、神話の法則（ヒーローズ・ジャーニー）に出てくる賢者のことです。神話学者のジョセフ・キャンベルが世界中の神話に共通するパターンを発見しました。

このパターンは、ハリウッド映画にも使われています。主人公を冒険の旅へと向かわせるきっかけを作る賢者がメンターです。例えば「スターウォーズ」では、ヨーダが、ルーク・スカイウォーカーのメンターです。

私にとってのヨーダは、パソコン教室の先生です。資金繰り表のエクセルシートを自動化したく、インターネットで検索して個人経営のパソコン教室を選びました。先生は、元々プロのＳＥでデータベース開発が専門でしたが、エクセルも得意でした。授業は、私の要望に応じて進められ、先生が、まずＶＢＡという言語でサンプルのコードを書いてくれました。私はそれを見ながらプログラミングを学びました。大手のパソコン教室ではできない教え方でした。

この方法が功を奏し、10回コースの5回目で、当初の想定を超えるでき栄えのソフトウエアが完成しました。7月にパソコン教室に入学し12月には、「こがねむし」という名前で作成した資金繰り表ソフトを25000円でダウンロード販売し50本以上売り上げることができました。

これが、先に述べた不動産投資専門税理士のアドバイスと結びつき、サブスクリプション型ビジネスへと発展しました。

コンサルタントもクライアントの才能タイプを知ることが大事

私が迷走していた頃に、何名かのコンサルタントの指導を受けたことがあります。結果的にその指導では、私はフローに乗ることができず迷走から抜け出すことができませんでした。

今から思うと、そのコンサルタントさんたちは、私の問題解決に必要な「WHATの質問」すなわち、税理士業以外の新規商品・サービスの立ち上げではなく、「HOWやWHOの質問」すなわち、どうやって税理士のクライアントを増やすかにフォーカスされていました。

税理士の仕事に疲れ果てている私が、それでフローに乗れるはずもありませんが、コンサルタントさんは、集客やマーケティングといった自分の得意領域に持ち込もうとされます。

前述のように、私は、自分のロールモデルとメンターとの出会いによって「WHATの質問」の答えを見つけました。

もしコンサルタントが、クライアントの才能タイプ（周波数やプロファイル）を知っていれば、その人たちにあった、もっとよい解決策を一緒に考えられるのではないかと思います。

本書を書いた目的

本書は、まず士業や起業家の間でウェルスダイナミクスが共通言語になることを願って書きました。みんなの名刺やホームページに、当たり前のようにウェルスダイナミクスのプロファイルが掲載されるようになれば世の中がいい方向に変わると信じています。

ウェルスダイナミクスを通じて、私は迷走から抜け出し、進むべき道を見つけることができました。私のように、ウェルスダイナミクスを活用することで自分の道を見つけられる人が多くいるはずです。

最後に、ウェルスダイナミクスを日本に紹介してくださった一般社団法人日本適性力学協会 代表理事の宇敷珠美様、丁寧に文章や用語の使い方をチェックしてくださった白井圭様、百瀬鮎子様、タレントダイナミクスについて多くの気づきを与えてくださった西宮鉄二様、様々な相談に乗っていただいたウェルスダイナミクス・コンサルタントやシニアプラクティショナーの仲間の皆様、そしてプロファイルテストを受けインタビューに答えていただいた多くの士業や起業家の皆様に、感謝いたします！

近藤　学

【ウェルスダイナミクスプロファイルテスト用　QR コード】
（士業経営者・起業家自身のテスト受験はこちらから）
公式のプロファイルテスト受験希望の方はこちらから受験できます。

【タレントダイナミクス診断テスト用　QR コード】
（従業員様用のテスト受験はこちらから）
タレントダイナミクス・プロファイル診断・タレントスペクトル診断テスト
・個別診断セッション申し込みはこちらから

著者略歴

近藤　学（こんどう　まなぶ）

税理士、ウェルスダイナミクスコンサルタント、タレントコンサルタント
京都市生まれ。ウェルスダイナミクス・プロファイル　クリエイター
1996年税理士事務所を独立開業、ウェルスダイナミクスと出会い、ソフトウエア開発に自分の才能を見出し、税理士向けソフトウエア提供サービス「こがねむしクラブ」を創業（現在会員数450名）
https://kondotax.jp

＜著書＞
『なぜ金持ち会社は節税しないのか？』九天社、『儲からないと嘆く前に読む会計の本』大和書房
『一番楽しい！会計の本』ダイヤモンド社、『資金繰りの不安がなくなる最高の方法』スタンダーズ社
＜翻訳書＞
『あなたの中の起業家を呼び起こせ！』（マイケル・E・ガーバー著）エレファントパブリッシング
『PROFIT FIRST』（マイク・ミカロウイッツ著）ダイヤモンド社

監修：一般社団法人　日本適性力学協会

人生を好転させる！　才能活用ビジネスモデルの教科書
士業・起業家のための実践ウェルスダイナミクス活用術

2024年6月28日 初版発行

著　者　近藤　学　© Manabu Kondo
発行人　森　　忠順
発行所　株式会社 セルバ出版
〒113-0034
東京都文京区湯島1丁目12番6号 高関ビル5B
☎ 03（5812）1178　FAX 03（5812）1188
https://seluba.co.jp/
発　売　株式会社 三省堂書店／創英社
〒101-0051
東京都千代田区神田神保町1丁目1番地
☎ 03（3291）2295　FAX 03（3292）7687

印刷・製本　株式会社 丸井工文社

Printed in JAPAN
ISBN978-4-86367-898-9